# Unternehmensführung im Industriebetrieb

**Inhaltsverzeichnis**

Prof. Dr. Hanns Hub

1. Auflage 1983


Ursprünglich erschienen bei Betriebswirtschaftlicher Verlag Dr. Th. Gabler GmbH, Wiesbaden 1990

Lektorat: Dipl-Kfm. Bärbel Petry
Satz: SATZPUNKT Ewert, Braunschweig



ISBN 978-3-409-01041-2 ISBN 978-3-663-16352-7 (eBook)
DOI 10.1007/978-3-663-16352-7

**Vorwort**

Der vorliegende Beitrag versucht, einen Einblick in die Aspekte industrieller Unternehmensführung zu geben. Ausgangspunkt und Grundlage dazu sind die Bände

— Oehme, W.: Methoden der Unternehmensführung und

— Jeuschede, G.: Führungstechniken.

Allgemeine Zielsetzungen sind

— die Verdeutlichung und Vertiefung aktueller Aspekte der modernen Managementpraxis sowie

— die Veranschaulichung durch realisierte Problemlösungen aus der Praxis.

Bei der Auswahl der Teilbeiträge wurde darauf geachtet, daß die Lösungen auf Verhältnisse industrieller Unternehmen unterschiedlicher Größe und Branchen abgestellt sind. Die behandelten Themen zeigen die Vielzahl und Vielfalt der Probleme der Unternehmensführung auf. Die Individualität der Verfasser wird dabei zum besonderen Vorteil: Obwohl verschiedene Managementkomplexe auf der Basis unterschiedlicher Erfahrungen behandelt werden, kommt der gemeinsame Nenner einer systembezogenen Betrachtungsweise und kooperativen Einstellung immer wieder deutlich zum Ausdruck.

Im **Kapitel A** werden die wesentlichen Aspekte einer modernen industriellen Unternehmensführung allgemein umrissen und nach den zugrundeliegenden Einsichten und Prinzipien gefragt.

**Kapitel B** zeigt die Rolle der mathematischen Methoden bei der Entscheidungsfindung.

**Kapitel C** befaßt sich mit der Anwendung einer Managementkonzeption, die heute von vielen als d i e anzustrebende Führungsform genannt wird. Der Autor nimmt dabei Bezug auf ein in einem Unternehmen praktiziertes System.

Auf unternehmensspezifischen Anwendungen basieren auch die **Kapitel D** (System der Unternehmensplanung), **E** (Controlling) und **F** (System der Information und Kommunikation).

**Kapitel G** befaßt sich mit einer Problematik, deren sich die Unternehmen in Zukunft mehr und mehr bewußt werden müssen: Daß sich jedes Unternehmen weiterentwickelt, daß aber dies nicht dem Zufall überlassen werden darf, sondern daß die Unternehmensentwicklung geplant und organisiert werden sollte. Dazu bedarf es u. a. entsprechend ausgebildeter Mitarbeiter. Welche Möglichkeiten sich hier dem einzelnen Industriebetrieb bieten, behandelt das abschließende **Kapitel H.**

*Günter Ebert*

*Hanns Hub*

# Unternehmensführung im Industriebetrieb

Von

Prof. Dr. Hanns H u b

**Inhaltsverzeichnis**

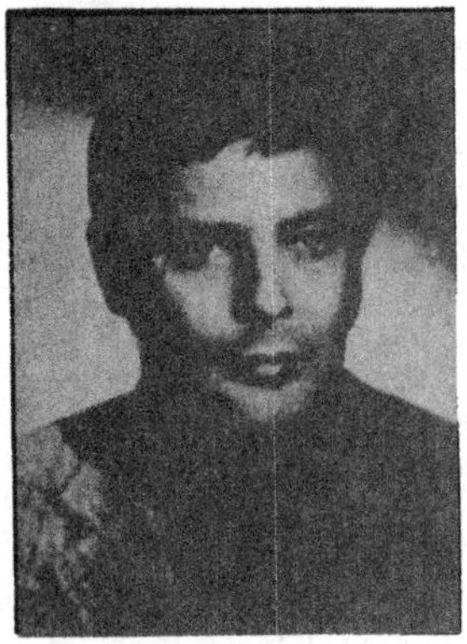

**Der Autor**

Professor Dr. Hanns Hub,

1938 in Ludwigshafen geboren, studierte an der Universität Karlsruhe, wo er 1963 den Grad „Technischer Diplom-Volkswirt" erlangte und 1972 zum Dr. rer. pol. promovierte. Seit 1973 ist er Dozent und seit 1975 Professor an der Fachhochschule Nürtingen für die Fachgebiete Organisation und Unternehmensführung.

# A. Grundpfeiler modernen Management-Denkens

**Lernziele:**

> Nach dem Studium dieses Beitrags sollten Sie
> — erkannt haben, daß hinter den verschiedenen Managementfunktionen und Führungsformen zwei grundlegende Einsichten und Bekenntnisse stehen, nämlich das Soll-Ist-Denken und die höherwertige Einstufung des Menschen im Betrieb,
> — erkannt haben, daß es gerade in den stark arbeitsteilig gegliederten Industrieunternehmen wesentlich darauf ankommt, Methoden und Techniken anzuwenden, die den Systemzusammenhang der betrieblichen Teilbereiche berücksichtigen.

**Vorbemerkungen**

Angesichts der Vielzahl und Vielfalt an Funktionen, Methoden und Techniken, die die heutige Managementlehre behandelt, ist es für den Studierenden nicht leicht, alle diese verschiedenen Aspekte zu einem Gesamtbild ordnen zu können. Kein abgestimmtes Gesamtbild zu erlangen, ist aber wie der „Wald“, den man „vor lauter Bäumen“ nicht sieht.

Vermeiden kann man eine solche Situation wohl am besten dadurch, daß man nach den tiefer liegenden gemeinsamen bzw. unterschiedlichen Ursachen, Einsichten und dergleichen fragt. Nur so erkennt man die Zusammenhänge und die machen den „Wald“ aus, den es hier zu sehen gilt.

Zur Verbindung mit den Bänden von Oehme (Methoden der Unternehmensführung) und Jeuschede (Führungstechniken): Das Regelkreisprinzip als allgemeingültiges Handlungsprinzip wird in den tieferen Grundlagen ausgeführt. Zur Einstellung gegenüber der Rolle des arbeitenden Menschen im Betrieb wird eine vielzitierte Betrachtungsweise — die X- und Y-Theorien von McGregor — dargestellt. Mit diesen Ergänzungen zu den obigen Bänden des Lehrwerkes wird gleichzeitig verdeutlicht, was im Vorwort als „gemeinsamer Nenner“ der verschiedenen Einzelbeiträge angesprochen wurde.

## I. Managementbegriff, Managementfunktionen

Es ist zunächst zu erklären und abzustecken, was wir meinen, wenn wir von „Management“ reden. Dabei geht es hier nicht um eine begriffliche Auseinandersetzung, sondern lediglich um die Erzielung einer gemeinsamen Ausgangsbasis für die weiteren Betrachtungen.

Begriffe wie „Unternehmensführung“, „Unternehmenspolitik“, „Betriebspolitik“ wollen wir gleichbedeutend gebrauchen.

Zwei Umschreibungen des Managementbegriffs sollen herangezogen werden.

Die Akademie für Organisation definiert

*„Management ist sachbezogenes Leiten und personenbezogenes Führen auf allen Leitungsstufen des Betriebes. Managementaufgaben sind, Ziele zu setzen und Entscheidungen über den Einsatz von Menschen und Sachmitteln zur Verwirklichung der Ziele zu treffen.“ (Handlexikon Organisation, S. 58)*

Die Deutsche Management-Gesellschaft definiert

*„Managen heißt: Menschen umweltbezogen in einem dynamischen Analyse-, Entscheidungs- und Kommunikations-System so zu führen, daß Ziele durch planvolles, organisiertes und kontrolliertes Leisten erreicht werden.“*

Diese Umschreibung wird von der in Abb. 1 wiedergegebenen Graphik veranschaulicht.

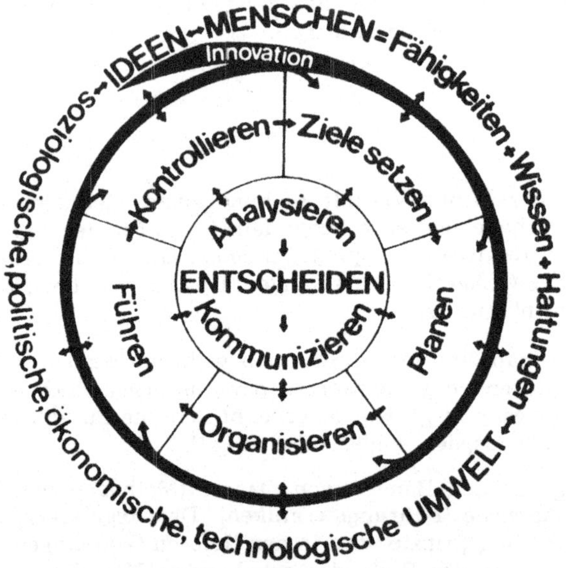


Managen heißt: Menschen umweltbezogen in einem dynamischen Analyse-, Entscheidungs- und Kommunikations-System so zu führen, daß Ziele durch planvolles, organisiertes und kontrolliertes Leisten erreicht werden.

*Abb. 1: Managementbegriff, Managementfunktionen nach Hesse, P./Deutsche Management-Gesellschaft e. V.: Management Bildungskonzept, Essen 1976 (vgl. auch Jeuschede, Führungstechniken, S. 4 ff.)*

Wenn wir im folgenden vom „modernen“ Management-Denken reden, so kann bereits hier festgehalten werden: Früher wurde unter Unternehmensführung lediglich die Tätigkeit des obersten Leitungsorgans verstanden. Die heutige Betrachtungsweise berücksichtigt, daß die in den obigen Definitionen angeführten Funktionen keineswegs nur auf der Ebene des obersten Leitungsorgans, sondern auf allen Hierarchieebenen auftreten.

Was die einzelnen **Managementfunktionen** anbelangt, so soll im folgenden herausgestellt und erläutert werden:

a) Die verschiedenen Managementfunktionen sind nichts „unnatürliches", sondern finden ihre Parallele in der persönlichen Lebensgestaltung jedes Einzelnen.
b) Sie sind insofern auch keine Erfindung der Neuzeit, sondern uralt.
c) Sie stehen nicht isoliert nebeneinander, sondern sind in einem Systemzusammenhang zu begreifen.
d) Dieser Systemzusammenhang ist ebenfalls nichts Neues, sondern ein Grundprinzip der Natur.

Angesichts dieser Punkte könnte gefragt werden: Was ist denn dann das Neue, das es rechtfertigt, von „modernem" Management zu sprechen? Auch hier sei die Antwort vorweg als eine Art These angegeben:

**Kennzeichen modernen Management-Denkens** sind zweierlei:

e) Die konsequente Übertragung des Naturprinzips zur Regelung und Steuerung von Lebensvorgängen auf die Regelung und Steuerung des Unternehmens;
f) die höherwertige Einstufung und Einsetzung des Menschen im Betrieb.

Diese beiden Punkte können als die Grundpfeiler des modernen Management-Denkens angesehen werden. Das angesprochene Naturprinzip zur Regelung und Steuerung von Lebensvorgängen ist das sogenannte Regelkreisprinzip (vgl. auch Jeuschede, Führungstechniken, Seite 37 ff.). Es kann sowohl auf die persönliche Lebensgestaltung als auch auf die Gestaltung betrieblicher Vorgänge übertragen werden. Kern dieses Prinzips ist das, was schlagwortartig als „Soll-Ist-Denken" bezeichnet wird.

## II. Regelkreisprinzip — System-Denken — Soll-Ist-Denken

Das Regelkreisprinzip beinhaltet folgende Art der Regelung:

*Ein als SOLL vorgegebener Zustand wird dadurch zu erreichen und aufrecht zu erhalten versucht, daß das SOLL mit dem jeweils gerade vorliegenden tatsächlichen Zustand, dem IST, verglichen wird und bei entsprechender SOLL-IST-Abweichung eine Maßnahme getroffen wird, die das System in die gewünschte Richtung lenkt.*

Abb. 2 verdeutlicht und erläutert das Prinzip allgemein (a) und zeigt mit einfachen Beispielen, daß diese Art der Regelung ein Naturprinzip ist (b), nach dem auch technische (c) und soziale (d) Systeme gesteuert werden können.

Daß dieses Prinzip auch bei einfachsten Formen wirtschaftlicher Betätigung Anwendung finden kann, sei am Beispiel eines Fallenstellers weiter veranschaulicht („Fallensteller" deshalb, um klar zu machen, daß sich der Mensch diese Denkweise bereits in vor-handwerklicher Zeit zu eigen machen konnte, um wirtschaftliche Ziele bestmöglich anzusteuern):

- Der Fallensteller muß sich zunächst darüber klar werden, was er fangen will, wozu er das Fangergebnis verwenden will und dergleichen (→ **Zielsetzung).**

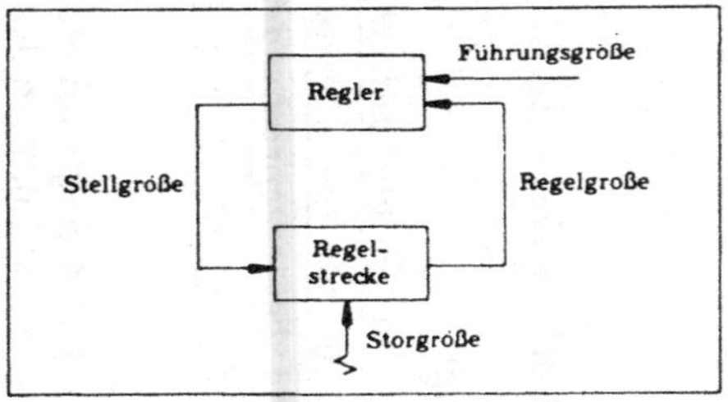


(a) Das Regelkreissystem (abstrakt)

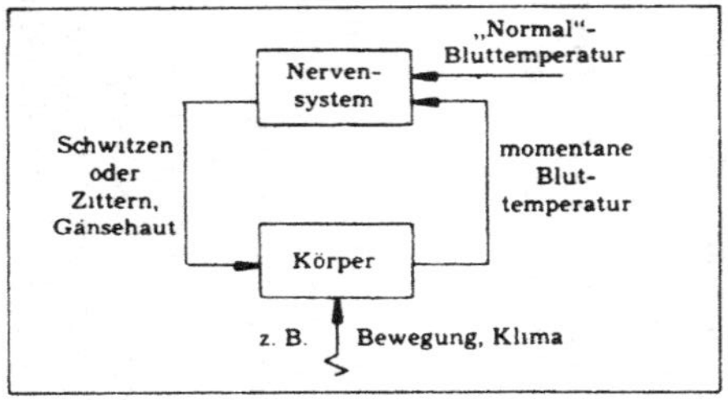


(b) Das Regelkreisprinzip in der *Natur*

*Beispiel:* Körpertemperatur des Menschen

*Führungsgroße:* gibt das übergeordnete Ziel an (Soll)

*Stellgröße:* gibt die Mittel und Wege an, mit denen das Ziel erreicht werden soll

*Regelgroße.* gibt das tatsächliche Ergebnis an (Ist) („Rückmeldung", „Rückkopplung", „Feed Back")

*Regelstrecke* ist der zu regelnde Prozeß

*Regler:* er vergleicht Regelgröße mit Fuhungsgröße und zieht daraus Schlüsse auf die zu wählende Stellgröße

*Storgröße:* ist ein Faktor, der den Prozeß vom Soll entfernt

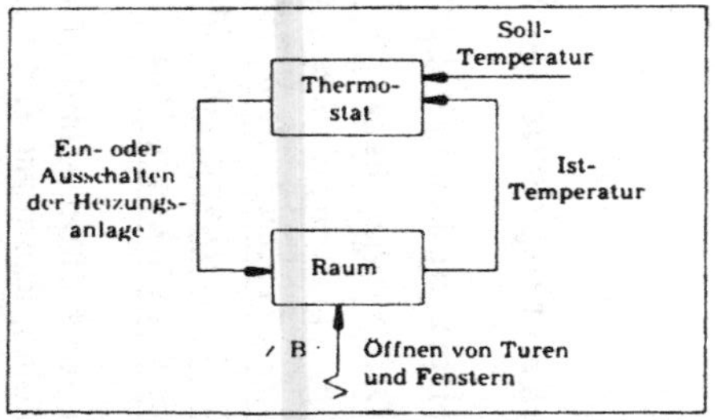


(c) Das Regelkreisprinzip in der *Technik*
*Beispiel.* Thermostatische Raumheizung

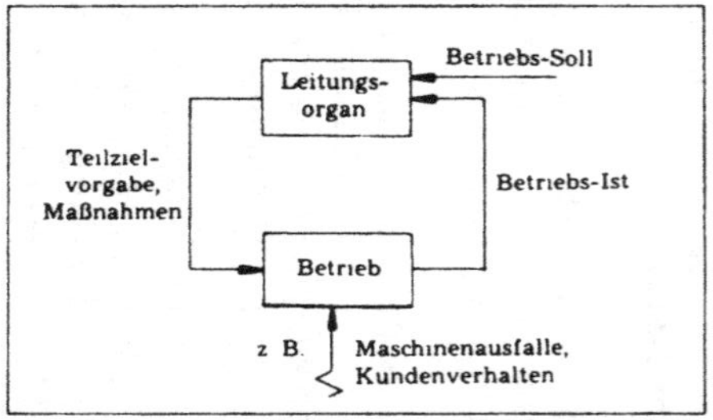


(d) Das Regelkreisprinzip in der Betriebswirtschaft

***Abb. 2: Das Regelkreisprinzip als universelles Prinzip der Regelung von Systemen***

- Aus der Kenntnis bisheriger Ergebnisse stellt er (als **Regler**) Überlegungen an, wie er seine Ziele erreichen kann. Er organisiert und plant (→ setzt **Teilziele,** bestimmt **Maßnahmen**).
- Die Ausführung in seinem Tätigkeitsfeld (→ **Regelstrecke**) wird regelmäßig durch Witterung und andere unberechenbare Faktoren (→ **Störgrößen**) beeinflußt, so daß nicht von vornherein damit gerechnet werden kann, daß das Gewollte auch voll und ganz realisiert werden wird.
- Er wird deshalb die Jagdbeute zählen und nach Art und Qualität bestimmen (→ Erarbeiten von **Rückmeldungen**).
- Weiß er noch seine gesetzten Ziele, so kann er nun gewolltes und tatsächlich erzieltes Ergebnis miteinander vergleichen (→ **Soll-Ist-Vergleich**).
- Will er künftig sein Fangergebnis möglichst günstig gestalten, so wird er die in der Regel zu erwartende Soll-Ist-Abweichung nicht einfach hinnehmen, sondern er wird nach einer Erklärung suchen, d. h. er wird eine **Abweichungsanalyse** vornehmen. Hieraus kann er Schlüsse ziehen, wie seine einzelnen Maßnahmen gewirkt haben und das kann wiederum nützlich sein für die nächste Jagd (→ bessere **Stellgrößen**), d. h. er versucht zu l e r n e n.

Es ist nun klar zu erkennen, daß hier eine Vorgehensweise vorliegt, die genau so gut für die Bewältigung anderer Probleme angewandt werden kann. So sollte auch das Erlernen einer Sprache oder eines beliebigen anderen Faches vollzogen werden und so sollte man auch vorgehen, wenn man nur eine Gartenparty veranstalten möchte. Kurzum, es handelt sich um eine Vorgehensweise zur rationalen Bewältigung zahlloser Aufgaben des täglichen Lebens.

Diese Darlegungen dürften eine ausreichende Begründung der Punkte a) bis d) des obigen Abschnittes sein.

Zu e) — die Übertragung des Regelkreisprinzips auf das „Managen" in einem Unternehmen:

Auf der Grundlage der bisherigen Ausführungen ist das Spezifische des „modernen" Managements rasch herausgearbeitet. Der entscheidende Punkt liegt darin, daß nicht wie beim Fallensteller eine einzige Person eine Aufgabenstellung zu bewältigen hat, sondern daß eine Vielzahl von Menschen nach dem Prinzip der A r b e i t s t e i l u n g an der Bewältigung einer Aufgabe arbeiten. Das Prinzip der Arbeitsteilung führte in der industriellen Entwicklung zu einer immer ausgeprägteren Spezialisierung in dem Sinne, daß der Einzelne nur noch Teilfunktionen erfüllt. Was das Unternehmensganze anbelangt, so ging man stillschweigend davon aus, daß, wenn nur jeder das Beste in seinem Teilbereich gibt, dies auch das Beste für das Ganze sei. Hier setzt nun als Ausgangspunkt des heutigen Management-Denkens die Erkenntnis an, daß das Ganze eben als mehr zu begreifen ist, als nur die Summe abgegrenzter Teile.

Die beim Einmann-Unternehmen vorhandene Harmonie im Sinne eines Zyklus aufeinander abgestimmter Managementfunktionen ist beim „Vielpersonen"-Unternehmen, also den hier zu betrachtenden industriellen Unternehmen nicht von selbst vorhanden. Vielmehr tendieren die einzelnen Teilbereiche zu abteilungsegoistischen Interessenverfolgungen, die für das Unternehmen insgesamt von Nachteil sind. Kern des modernen Management-Denkens ist es nun, die

„verlorengegangene" natürliche Harmonie der einzelnen Managementfunktionen für das Unternehmen als Ganzes wieder herzustellen.

Im Unterschied zum Einmann-Unternehmen ist dies nur durch bewußte, methodische Gestaltung der Managementprozesse erreichbar. Die Art des Managens ist also zu organisieren.

In diesem Sinne sind weitere Beiträge dieser Schrift zu verstehen: Es sind Beispiele, wie man Teilbereiche des Unternehmens so organisieren kann, daß ein System aufeinander abgestimmter Managementprozesse entsteht.

Zum Regelkreisprinzip (siehe auch Abb. 5, Seite 42 im Beitrag von Jeuschede und Abb. 18, Seite 90 im Beitrag von Oehme) sei abschließend noch darauf hingewiesen, daß bei der betriebswirtschaftlichen Regelkreisanalogie gegenüber dem einfachen Schema in Abb. 2 (d) einige Erweiterungen beachtet werden müssen. Es seien hier lediglich die beiden wichtigsten Punkte genannt:
— In einem Unternehmen finden sehr viele Regelkreisprozesse statt, die selbst wiederum regelkreisartig miteinander verknüpft sein sollten.
— Ein wesentlicher Teil der betrieblichen Aktivitäten ist darauf zu richten, möglichst frühzeitig zu erkennen, welche Faktoren in welchem Maße einwirken werden. Es sind also Informationen über zu erwartende Störgrößen zu erarbeiten. Diese Prognosen nennt man in Analogie zu dem vergangenheitsbezogenen „Feed Back" auch „Feed Forward".

## III. Einstellung zur Rolle des Menschen im Betrieb

Der weitere Grundpfeiler modernen Management-Denkens kann darin gesehen werden, daß die Rolle des Menschen im Betrieb anders eingestuft wird. Die Arbeit im Betrieb soll nicht mehr nur eine unvermeidliche Notwendigkeit zur Erzielung materieller Einkünfte sein; sie soll vielmehr auch höherwertige Bedürfnisse, wie etwa nach sozialen Bindungen, Selbstachtung, Selbstverwirklichung befriedigen. Die veränderte Einstellung wird besonders plastisch in den Theorien „X" und „Y" von McGregor, deren Kernpunkte der Abb. 3 zu entnehmen sind.

Die Verwirklichung der Y-Theorie zeigt sich in erster Linie in einer **Dezentralisierung von Entscheidungsbefugnissen.** Es wird nicht mehr nur **Arbeit** verteilt, sondern es werden **Aufgaben** einschließlich bestimmter Befugnisse und Verantwortungen delegiert.

Da es hier nur darum geht, den personellen Aspekt als solchen herauszustellen, seien lediglich folgende grundlegenden Anmerkungen gemacht:
— Die Y-Theorie sollte nicht in dem Sinne mißverstanden werden, daß die Wirklichkeit so sei, sondern daß sie so sein könnte. Als Analogie: Die Gebote der Moral und Ethik bestehen ja auch weiter, obwohl sie täglich verletzt werden. Die Y-Theorie akzeptieren heißt also, das eigene Verhalten einem Imperativ zu unterwerfen.

Hinter jeder Entscheidung oder Maßnahme im Rahmen der Führungsaufgaben eines Managers stehen Auffassungen über die Natur des Menschen und sein Verhalten. Viele der in Theorie und Praxis der Unternehmensführung eingegangenen Auffassungen werden heute als unzutreffende Vorurteile angesehen und unter der Bezeichnung „Theorie X" zusammengefaßt. Diesen Auffassungen wird die „Theorie Y" gegenübergestellt. Kernpunkte dieser Theorien sind:

| Theorie X | Theorie Y |
|---|---|
| (1) Der Durchschnittsmensch hat eine angeborene Abneigung gegen Arbeit und versucht, ihr aus dem Wege zu gehen, wo er kann. | (1) Die Verausgabung durch körperliche und geistige Anstrengung beim Arbeiten kann als ebenso natürlich gelten wie Spiel und Ruhe. Dem Durchschnittsmenschen ist Arbeitsscheu nicht angeboren. Es hängt von den Bedingungen ab, ob Arbeit als Quell der Befriedigung oder als Strafe erkannt wird. |
| (2) Weil der Mensch durch Arbeitsunlust gekennzeichnet ist, muß er zumeist gezwungen, gelenkt, geführt und mit Strafe bedroht werden, um ihn dazu zu bewegen, das vom Unternehmen gesetzte Soll zu erreichen. | (2) Von anderen überwacht und mit Strafe bedroht werden, ist nicht das einzige Mittel, jemanden dazu zu bewegen, sich für die Ziele des Unternehmens einzusetzen. Zugunsten von Zielen, denen er sich verpflichtet fühlt, wird sich der Mensch der Selbstdisziplin und -kontrolle unterwerfen.<br>(3) Wie sehr er sich Zielen verpflichtet fühlt, hängt von den Belohnungen ab, die mit ihrem Erreichen verbunden sind. Die bedeutendste solcher Belohnungen — die Möglichkeit, Bedürfnisse der Persönlichkeit und ihrer Entfaltung zu befriedigen — kann gerade aus Bemühungen um die Ziele des Unternehmens herrühren. |
| (3) Der Durchschnittsmensch zieht es vor, an die Hand genommen zu werden, möchte sich vor Verantwortung drücken, besitzt verhältnismäßig wenig Ehrgeiz und ist vor allem auf Sicherheit aus. | (4) Der Durchschnittsmensch lernt unter geeigneten Bedingungen, Verantwortung nicht nur zu übernehmen, sondern sogar zu suchen. Flucht vor Verantwortung, Mangel an Ehrgeiz und Drang nach Sicherheit sind i. a. Folgen schlechter Erfahrungen, nicht angeborene Eigenschaften.<br>(5) Die Anlage zu einem relativ hohen Grad von Vorstellungskraft, Urteilsvermögen und Erfindergabe für die Lösung organisatorischer Probleme ist in der Bevölkerung weit verbreitet und nicht nur hier und da anzutreffen.<br>(6) Unter den Bedingungen des modernen industriellen Lebens ist das Vermögen an Verstandeskräften, über das der Durchschnittsmensch verfügt, nur zum Teil genutzt. |

*Abb. 3: Theorie X — Theorie Y*
*nach McGregor, D.: Der Mensch im Unternehmen, Düsseldorf - Wien 1973*

— Verwirklichen der Y-Theorie ist nur als langfristiges Programm interpretierbar. Dabei ist insbesondere zu beachten, was man vereinfacht so ausdrücken kann: „Es ist schwer, jemanden nach der Y-Theorie zu führen, der nach der X-Theorie erzogen wurde."

— Zur Verwirklichung der Y-Theorie sind heute insofern zunehmend günstigere Voraussetzungen vorhanden, als der Durchschnittsmensch über einen vergleichsweise viel höheren Bildungsstand verfügt als etwa um die Jahrhundertwende. Dies ist deshalb so wichtig, weil eine Delegation von Entscheidungsbefugnissen natürlich nur Sinn haben kann, wenn der betreffende Mitarbeiter über die zur Entscheidungsfindung nötigen Kenntnisse verfügt.

## IV. Zusammenfassung

Kerngedanke des Regelkreisprinzips ist das lernprozeßartige Vorgehen. Kerngedanke der Y-Theorie ist die höherwertige Einstufung des Menschen im Betrieb. Diese beiden Grundpfeiler modernen Management-Denkens bedingen sich gegenseitig: Managen nach dem Regelkreisprinzip erfordert ein entsprechendes Verständnis der Mitarbeiter für die betrieblichen Zusammenhänge und eine Bereitschaft zur Zusammenarbeit — genau dies sind aber auch Voraussetzungen zur Befriedigung höherer Bedürfniskategorien gemäß der Y-Theorie. Dieses Zusammenspiel des **sachlichen** Regelungsaspektes mit dem **personellen** Aspekt wird in den folgenden Beiträgen im einzelnen verdeutlicht.

**Fragen:**

1. Welche beiden grundlegenden Aspekte kennzeichnen das heutige Management-Denken?
2. Warum ist es in Wirklichkeit gar nicht so clever, wenn einer sagt: „Was interessiert mich mein Blödsinn von gestern!"?
3. Worin unterscheidet sich das Regelkreis-Denken von der früher üblichen Denkweise?
4. Wie kann ein Mehr an Y-Theorie verwirklicht werden?

## Literaturverzeichnis

Akademie für Organisation: Handlexikon Organisation, Frankfurt M. 1976.

Hesse, P. Deutsche Management-Gesellschaft e. V.: Management-Bildungskonzept, Essen 1976.

Jeuschede, G.: Führungstechniken, Wiesbaden o. J. (Studienwerk Industrie-Fachwirt).

McGregor, D.: Der Mensch im Unternehmen, Düsseldorf - Wien 1973.

Oehme, W.: Methoden der Unternehmensführung, Wiesbaden o. J. (Studienwerk Industrie-Fachwirt).

**Antworten zu den Fragen**

1. Der sachliche Aspekt der Regelung nach dem Regelkreisprinzip und der personelle Aspekt der Berücksichtigung höherer Bedürfniskategorien.

2. Weil kein Lernprozeß stattfindet.

3. Das Regelkreis-Denken ist auf den System z u s a m m e n h a n g ausgerichtet, während man sich früher weitgehend mit einem Studium der System e l e - m e n t e begnügte.

4. Allgemein durch Dezentralisation von Entscheidungsbefugnissen. Im einzelnen insbesondere durch Aufgabendelegation sowie durch Einbeziehung des Mitarbeiters in die Prozesse der Zielbildung, Planung und Erfolgsbeurteilung.

# Unternehmensführung im Industriebetrieb

Von

Prof. Dipl.-Ing. Klaus F i s c h e r

**Inhaltsverzeichnis**

**Der Autor**

Prof. Dipl.-Ing. Klaus Fischer,

1944 in Geislingen (Steige) geboren, studierte an der Universität Stuttgart Elektrotechnik mit Schwerpunkt Datenverarbeitung und schloß sein Studium mit dem Grad eines Diplom-Ingenieurs ab. Im Anschluß an sein Studium war er einige Jahre in der EDV-Industrie als Projektleiter tätig. Seit 1971 ist er Dozent und seit 1975 Professor an der Fachhochschule Nürtingen für die Fachgebiete Datenverarbeitung und Mathematik. Ferner ist er Leiter des Rechenzentrums der Fachhochschule Nürtingen.

# B. Quantitative Methoden als Hilfsmittel der Unternehmensführung (Operations Research)

**Lernziele:**

Nach dem Studium dieses Beitrags sollten Sie
- wissen, was unter Operations Research verstanden wird,
- die Möglichkeiten und Grenzen der quantitativen Methoden als Entscheidungshilfen kennen,
- die methodische Vorgehensweise bei Problemlösungen mit Hilfe quantitativer Methoden kennen,
- einen Überblick über die wichtigsten quantitativen Methoden und deren Problemstellungen im Industriebetrieb haben.

## I. Einige Bemerkungen zum Begriff des Operations Research

Der Begriff „Operations Research" (abgekürzt OR) steht stellvertretend für die **Anwendung quantitativer Methoden auf Entscheidungsprobleme.**

Jedes zielgerichtete menschliche Handeln läßt sich in die Phasen
- Planung (Entscheidungsvorbereitung),
- Entscheidung,
- Durchführung,
- Kontrolle

gliedern. Ein Unternehmen — und somit auch ein Industriebetrieb — strebt nach optimalem Handeln. Dazu braucht die Unternehmensführung Unterlagen, die ihr optimale Entscheidungen ermöglichen. **Ziel von OR** ist es, bei der Beschaffung solcher Unterlagen mitzuwirken. OR will somit bei bestimmten Problemstellungen die Vorgehensweisen **optimal planen,** um den Verantwortlichen Entscheidungshilfen zu liefern, die optimales Handeln ermöglichen.

Darüber hinaus ist die für OR **charakteristische Eigenschaft,** daß zur Erreichung des Ziels **quantitative Methoden** angewendet werden. Da quantitativ übersetzt mengenmäßig bedeutet, läßt sich folgern, daß bei OR Zahlenmaterial vorliegen muß, welches unter Zuhilfenahme der Mathematik die Entscheidungshilfen liefert.

Beachtet man Zielsetzung und Eigenschaft von OR, so kann in Anlehnung an Müller-Merbach (Müller-Merbach, Operations Research) als Synonym zu OR der deutsche Begriff **Optimalplanung** verwendet werden mit der Bedeutung: Anwendung quantitativer Methoden zur Vorbereitung optimaler Entscheidungen.

Hervorzuheben ist:
- *OR bedient sich quantitativer Methoden.*
- *OR ist ein Hilfsmittel für die Unternehmensführung und liefert als solches Argumente für die Entscheidungsfindung.*
- *OR begnügt sich nicht mit guten oder besseren Lösungen, sondern sucht nach optimalen, also besten Lösungen.*

## II. Die Rolle der quantitativen Methoden

OR ist mit quantitativen Methoden und damit mit der Mathematik untrennbar verbunden. Die Rolle der Mathematik ist hier als die eines Hilfsmittels anzusehen. Eines Hilfsmittels zur Verknüpfung des Zahlenmaterials zum einen; zum anderen aber vor allem zur Durchdringung und Analyse komplizierter Zusammenhänge. Das menschliche Gehirn ist oft nicht in der Lage, stark verflochtene Zusammenhänge genügend detailliert zu erfassen und entsprechend konsequent zu verarbeiten. Hier können mit den Formalismen der Mathematik manche Unzulänglichkeiten des menschlichen Denkens ausgeglichen werden.

Typisch an OR ist, daß die Realität — Probleme, die sich aus der Praxis ergeben — in einem mathematischen Modell nachgebildet wird. Und genauso typisch dafür ist, daß die Sachverhalte der Realität quantitativ, also zahlenmäßig, faßbar sein müssen.

Daraus ergeben sich aber auch die B e g r e n z u n g e n für die Einsatzmöglichkeiten der quantitativen Methoden:

— Quantitative Methoden können nur dort angewendet werden, wo die Realität in ein mathematisches Modell übertragen werden kann.
  Problematik: betriebliche Vorgänge können teilweise nur vereinfacht modellmäßig dargestellt werden. Gesamtsysteme (z. B. Gesamtunternehmen) sind häufig nicht modellmäßig nachzubilden und müssen in Teilsysteme (z. B. Lagerhaltung, Fertigung usw.) zerlegt werden.
— Quantitative Methoden können nur dort angewendet werden, wo die Sachverhalte quantitativ faßbar sind.
  Problematik: Es sind teilweise Daten erforderlich, die in der Praxis nicht zu beschaffen sind (z. B. Spieltheorie).
— Quantitative Methoden können nur dort angewendet werden, wo mathematische Lösungsverfahren für das mit Zahlenmaterial versehene Modell existieren.
  Problematik: Lösungsverfahren erfordern teilweise zu viel Aufwand und lassen die Frage der Wirtschaftlichkeit aufkommen.

Quantitative Methoden können Argumente für die Entscheidungsfindung liefern, wenn die Voraussetzungen der Modellbildung, der Quantifizierbarkeit und der Lösbarkeit gegeben sind. Andere, nicht quantitative Methoden sind ebenfalls geeignet, Entscheidungen zu beeinflussen. Insofern sind quantitative Methoden und ist damit OR nur e i n e G r u n d l a g e unter mehreren für Entscheidungen.

## III. Methodisches Vorgehen

Sämtlichen Problemlösungen mit Hilfe quantitativer Methoden liegt die gleiche Vorgehensweise zugrunde.

Wie schon im vorigen Abschnitt erwähnt, braucht man für jede Problemlösung ein mathematisches Modell, das möglichst alle wichtigen Elemente der das Problem betreffenden Realität enthält. Über das Modell versucht man dann, zur optimalen Lösung zu kommen.

Die **typische Vorgehensweise** gliedert sich systematisch in folgende Schritte:

- **Erkennen und Formulieren des Realproblems.**
  Das sich aus der betrieblichen Praxis ergebende Problem wird bezüglich seiner Einflußgrößen und Randbedingungen erkannt und in allen wesentlichen Details beschrieben. Die mit dem Realproblem zusammenhängende Fragestellung wird formuliert.

- **Beschaffung des Zahlenmaterials.**
  Die Analyse des Realproblems weist auf die erforderlichen Daten hin. Diese müssen beschafft und gegebenenfalls auf ihre Vertrauenswürdigkeit hin untersucht werden.

- **Aufstellen des Formalproblems.**
  Das Realproblem wird unter Berücksichtigung des Zahlenmaterials durch ein mathematisches Modell so nachgebildet, daß darin das Optimierungsziel zum Ausdruck kommt. Die Problemlösung ist damit auf ein mathematisches Problem — das Formalproblem — übertragen. Da häufig nicht die gesamte Realität nachgebildet werden kann, begnügt man sich oft mit der mathematischen Beschreibung des Teils der Realität, der sich für das Problem als am bedeutendsten erweist, mit dem sogenannten problembezogenen Realitätsausschnitt.

- **Lösen des Formalproblems.**
  Die Anwendung mathematischer Methoden führt zur Lösung des mathematischen Problems.

- **Lösen des Realproblems.**
  Durch Übertragung und entsprechende Interpretation der Lösung des Formalproblems auf die Realität wird die mit dem Realproblem zusammenhängende Fragestellung beantwortet. Die Lösung des Realproblems wird als Entscheidungsvorschlag weitergegeben.

Diese typische Vorgehensweise läßt sich schematisch wie folgt darstellen:

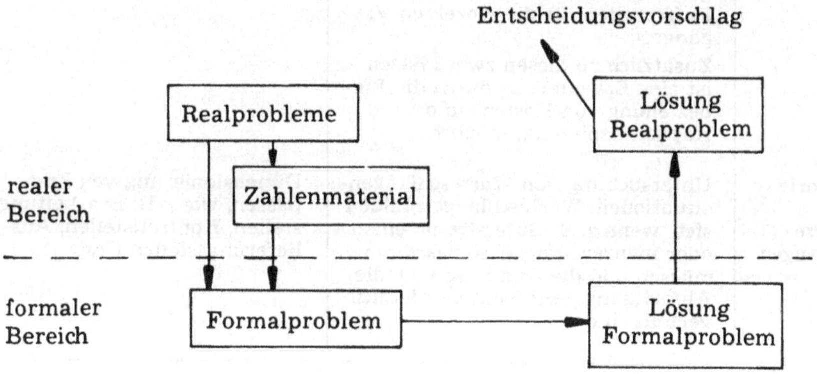

# IV. Verschiedene im Industriebetrieb angewendete Methoden und deren Problemstellungen

Von der Vielzahl der heute existierenden und in der industriellen Praxis angewendeten quantitativen Methoden sollen die wichtigsten von ihrer Bezeichnung, ihren charakteristischen Merkmalen und ihren Anwendungsmöglichkeiten her aufgezeigt werden.

## 1. Übersicht über die wichtigsten quantitativen Methoden

In Anlehnung an Funke, Blohm (Funke, H. — Blohm, H., Allgemeine Grundzüge des Industriebetriebs) ergibt sich folgender Sachverhalt:

| Verfahren | Charakteristische Merkmale | Beispiele für mögliche Anwendungsgebiete im industriellen Bereich |
|---|---|---|
| **Lineare Programmierung** | Maximierung oder Minimierung einer linearen Zielfunktion, wobei gewisse Nebenbedingungen, die i. d. R. in Form linearer Ungleichungen vorliegen, eingehalten werden müssen. | Produktionsprogrammplanung<br>Verschnittprobleme<br>Mischungsprobleme<br>Transportplanung |
| **Netzplantechnik** | Methode zur Planung komplizierter Projekte, bei welchen zahlreiche Einzelprozesse zu koordinieren sind.<br>Vorwiegend 2 Phasen sind zu unterscheiden:<br>● Ablaufplanung: Zerlegung des Projekts in einzelne Arbeitsgänge. Darstellung des gesamten Arbeitsablaufs in einem Netzplan, dessen Elemente „Ereignisse" und „Vorgänge" sind.<br>● Zeitplanung: Die für jeden Vorgang geplante Zeitdauer ergibt die gesamte Projektdauer und die Pufferzeiten für die einzelnen Vorgänge.<br>Zusätzlich zu diesen zwei Phasen ist eine Erweiterung durch die Einbeziehung von Kosten- und Kapazitätsplanung möglich. | Terminplanung und -überwachung von Arbeitsabläufen im Fertigungsbereich.<br>Planung von Bauvorhaben, Forschungs-, Konstruktions- und Entwicklungsvorhaben.<br>Installation von Großgeräten. |
| **Theorie der Warteschlangen** | Untersuchung von Warteschlangensituationen. Warteschlangen bilden sich, wenn z. B. Güterströme einen oder mehrere Engpässe passieren müssen und die Ankünfte u./o. die Abfertigungszeiten unterschiedlich verteilt sind. | Dimensionierung von Engpässen, wie z. B. Bearbeitungsstellen, Kontrollstellen, Auslieferungsstellen usw. |

| Verfahren | Charakteristische Merkmale | Beispiele für mögliche Anwendungsgebiete im industriellen Bereich |
|---|---|---|
| | Folgende Fragestellungen sind zu beantworten:<br>— Wie groß ist die durchschnittliche Schlangenlänge?<br>— Wie groß ist die durchschnittliche Wartezeit?<br>— Wie groß ist die Wahrscheinlichkeit, daß ein Objekt länger als eine bestimmte Zeit warten muß?<br>— Wie lange sind die einzelnen Abfertigungsstellen durchschnittlich ohne Beschäftigung?<br>Zentrales Problem: Optimale Dimensionierung von Engpässen. | |
| **Simulation** | Simulationsmodelle sind Modelle, deren Lösung durch Berechnung oder „Durchspielen" einer größeren Anzahl alternativer Einzelfälle erfolgt. Sie finden Anwendung, wenn komplexe Modelle mit Hilfe mathematischer Methoden nicht gelöst werden können. | Lagerhaltungsprobleme<br>Standortprobleme<br>Absatzprobleme |
| **Theorie der Spiele** | Verfahren zur Ermittlung optimaler Strategien in bestimmten Konfliktsituationen. Ein Spiel (eine Konfliktsituation) umfaßt mindestens zwei Personen bzw. Personengruppen, die unterschiedliche oder sogar gegensätzliche Zielsetzungen verfolgen. Das Ergebnis eines Spiels hängt sowohl von der eigenen Verhaltensweise als auch von derjenigen der Gegenspieler ab. | Praktische keine Anwendungen für die betriebliche Praxis. Aber äußerst lehrreich, weil man<br>— am Modell experimentieren und lernen kann,<br>— durch Modelldenken Zusammenhänge besser übersieht,<br>— auf Grund der am Modell gewonnenen Erfahrungen einen weiteren Entscheidungshorizont sowie eine größere Entscheidungssicherheit erhält. |

## 2. Beispiele

### a) Aufstellung eines optimalen Produktionsprogramms mit Hilfe der linearen Programmierung

Die Firma NÜSAG stellt zwei Staubsauger her; den Industriestaubsauger IS und den Haushaltstaubsauger HS. Jeder Staubsauger erbringt unterschiedliche Erlöse und verursacht unterschiedliche variable Kosten. Damit sind auch die sich als Differenz von Erlösen und variablen Kosten ergebenden Deckungsbeiträge unterschiedlich hoch. Mit ihrer Summe sind die fixen Kosten von monatlich 240 000 DM zu decken. Der Überschuß ist der Gewinn, der maximiert werden soll. Die Mengen der pro Monat produzierten Staubsauger sind durch die Kapazität der Fertigungsmaschinen begrenzt. Es stehen die Maschinen M 1, M 2 und M 3 zur Verfügung, wobei die Modelle HS und IS unterschiedliche Fertigungszeiten auf diesen Maschinen besitzen. Die variablen Kosten und die Erlöse je Mengeneinheit seien mengenunabhängig. Alle erzeugten Produkte werden verkauft. Die Firma NÜSAG möchte maximalen Gewinn erzielen.

Wie bei allen quantitativen Methoden ist auch hier die in III beschriebene systematische Vorgehensweise zu empfehlen.

- **Erkennen und Formulieren des Realproblems:**

Gesucht werden diejenigen Mengen der Staubsauger HS und IS, mit denen unter Einhaltung der Fertigungskapazitäten ein maximaler Gewinn zu erzielen ist.

Ziel: maximaler Gewinn.

Zentrale Fragestellung: Welches sind die zur Erreichung des Ziels notwendigen monatlichen Stückzahlen von HS und IS?

Beschränkung: Monatliche Fertigungskapazität der drei Maschinen.

- **Beschaffung des Zahlenmaterials:**

Die zur Lösung des Problems erforderlichen Daten sind in der folgenden Tabelle zusammengestellt.

| | | HS | IS | Monatliche Kapazität (Minuten) |
|---|---|---|---|---|
| Erlös (DM/Stück) | | 160,— | 720,— | |
| Variable Kosten (DM/Stück) | | 75,— | 310,— | |
| Deckungsbeitrag (DM/Stück) | | 85,— | 410,— | |
| Fertigungszeit | M 1 | 4,5 | 3,6 | 10 800 |
| in (Min./Stück) | M 2 | 1,2 | 12 | 8 400 |
| auf Maschine | M 3 | — | 12 | 9 000 |

Monatliche Fixkosten: 240 000 DM.

- **Aufstellen des Formalproblems:**

Bei der linearen Programmierung besteht das mathematische Modell zum einen aus einer Zielfunktion, in der das Optimierungsziel — hier der Gewinn G — zum Ausdruck kommt. Bezeichnet man die pro Monat hergestellten Mengen von HS mit $x_1$ und die von IS mit $x_2$, so lautet die Zielfunktion:

$$\text{Maximiere } G = 85x_1 + 410x_2 - 240\,000$$

Zum anderen besteht das mathematische Modell aus sogenannten Restriktionen, in denen die Begrenzung der Mengen, die sich hier durch die Kapazitäten der Fertigungsmaschinen ergeben, zum Ausdruck kommen.

Die tatsächliche Fertigungszeit pro Monat auf der Maschine M 1 beträgt $4{,}5x_1 + 3{,}6x_2$. Diese darf nicht größer sein als die monatliche Kapazität von 10 800 Minuten. Somit ergibt sich als Restriktion für die Maschine M 1:

$$4{,}5x_1 + 3{,}6x_2 \leq 10\,800$$

Entsprechend für die Maschine M 2:

$$1{,}2x_1 + 12x_2 \leq 8\,400$$

und für die Maschine M 3:

$$12x_2 \leq 9\,000$$

Zusammengefaßt ergibt sich als **m a t h e m a t i s c h e s  M o d e l l**:

$$\begin{aligned} \text{Maximiere } G &= 85x_1 + 410x_2 - 240\,000 \\ 4{,}5x_1 + 3{,}6x_2 &\leq 10\,800 \\ 1{,}2x_1 + 12x_2 &\leq 8\,400 \\ 12x_2 &\leq 9\,000 \end{aligned}$$

- **Lösen des Formalproblems:**

Die Lösung des Formalproblems soll sich hier nicht auf die Darlegung der mathematischen Lösungsmethoden erstrecken, sondern soll sich durch Überspringen der einzelnen mathematischen Zwischenschritte auf die Nennung der Ergebnisse beschränken.

Lösung: $x_1 = 2000$; $x_2 = 500$; $G_{max} = 135\,000$

- **Lösen des Realproblems:**

Überträgt man die formale Lösung des mathematischen Modells auf die Realität, so ergibt sich:

Die Firma NÜSAG erzielt den maximalen Gewinn von 135 000 DM monatlich, wenn sie pro Monat vom Modell HS 2000 Stück und vom Modell IS 500 Stück herstellt. Die durch die Fertigungsmaschinen vorgegebenen Grenzen werden dadurch nicht überschritten. Man kann aber leicht feststellen, daß die Maschinen M 1 und M 2 bei diesen optimalen Stückzahlen voll ausgelastet sind, die Maschine M 3 dagegen nur 6000 Minuten pro Monat genutzt wird und insofern eine Leerlaufzeit von 3000 Minuten pro Monat hat.

### b) Durchführung einer Ablauf- und Zeitplanung mit Hilfe der Netzplantechnik

*Die Netzplantechnik dient zur Planung komplizierter Projekte, die aus vielen Einzelvorgängen bestehen.*

Im folgenden Beispiel soll zur besseren Verständlichkeit ein Projekt mit relativ wenigen Einzelvorgängen dargestellt werden.

Die Firma NÜSAG hat vor, die Rechnungsschreibung auf EDV zu übernehmen und will dieses Projekt „Umstellung der Rechnungsschreibung auf EDV“ mit Hilfe der Netzplantechnik planen und überwachen.

Dazu muß das Projekt zunächst in die wesentlichen Einzelvorgänge zerlegt werden. Da aus dem Netzplan zu ersehen sein muß, ob ein Vorgang die Fertigstellung eines anderen Vorgangs voraussetzt, ist es notwendig, zu jedem Vorgang den oder die unmittelbaren Vorgänger anzugeben. Die unmittelbaren Vorgänger eines Vorgangs müssen abgeschlossen sein, bevor mit dem Vorgang begonnen werden kann.

Damit können nun die Vorgänge zu einem Netzplan zusammengebaut werden. Die **Ablaufplanung** ist fertig. Man ersieht aus dem Netzplan den Ablauf des Projekts, d. h. die Aufeinanderfolge der einzelnen Vorgänge und die gegenseitigen Abhängigkeiten.

Zur Durchführung einer **Zeitplanung** ist die Angabe der Zeitdauer für die einzelnen Vorgänge erforderlich. Damit werden die Anfangs- und Endtermine des gesamten Projekts, die frühest möglichen und die spätest notwendigen Termine der einzelnen Vorgänge sowie die Zeitspannen (Pufferzeiten), um die die einzelnen Vorgänge verzögert werden können, ohne daß sich die Gesamtfertigstellung verschiebt, berechnet.

Für den Fall des angegebenen Projekts sei folgende Vorgangsliste mit Abhängigkeiten und Zeitdauern vorhanden, wobei die Vorgangsnummer kein Merkmal für die Aufeinanderfolge der Vorgänge ist.

| Nr. | Vorgang Bezeichnung | Vorgänger | Dauer in Tagen |
|---|---|---|---|
| 1 | Problemanalyse und Entscheidung | — | 10 |
| 2 | Programmierung | 4 | 30 |
| 3 | Ausbildung der mit dem neuen Verfahren befaßten Mitarebiter | 1 | 25 |
| 4 | Entwurf der neuen Rechnungsformulare | 1 | 3 |
| 5 | Druck der neuen Rechnungsformulare | 4 | 10 |
| 6 | Test der Programme | 5,2 | 15 |
| 7 | Test des gesamten Verfahrens | 6,3 | 10 |

Im Netzplan soll jeder Vorgang durch ein Kästchen dargestellt werden. Setzt der Beginn eines Vorgangs die Fertigstellung eines anderen Vorgangs voraus, so werden die beiden Kästchen durch einen Pfeil verbunden.

Beginnend mit dem letzten Vorgang (hier Nr. 7; daran erkenntlich, daß Nr. 7 selbst nie Vorgänger eines anderen Vorgangs ist) läßt sich der Netzplan in seiner Struktur systematisch zeichnen, indem man zusätzlich zum Kästchen des jeweiligen Vorgangs das Kästchen des Vorgängers zeichnet und beide durch einen Pfeil verbindet. Die Zeitplanung, d. h. die Berechnung der Termine und Pufferzeiten soll hier nicht im Detail erörtert, sondern nur im Ergebnis dargestellt werden.

Im folgenden Netzplan haben die Eintragungen in den Kästchen folgende Bedeutung:

| | | |
|---|---|---|
| Nr. | FA | FE |
| D | SA | SE |

Nr. = Vorgangsnummer
D = Vorgangsdauer
FA = frühest möglicher Anfang des Vorgangs
FE = frühest mögliches Ende des Vorgangs
SA = spätest notwendiger Anfang des Vorgangs
SE = spätest notwendiges Ende des Vorgangs.

Netzplan für das Projekt „Umstellung der Rechnungsschreibung auf EDV":

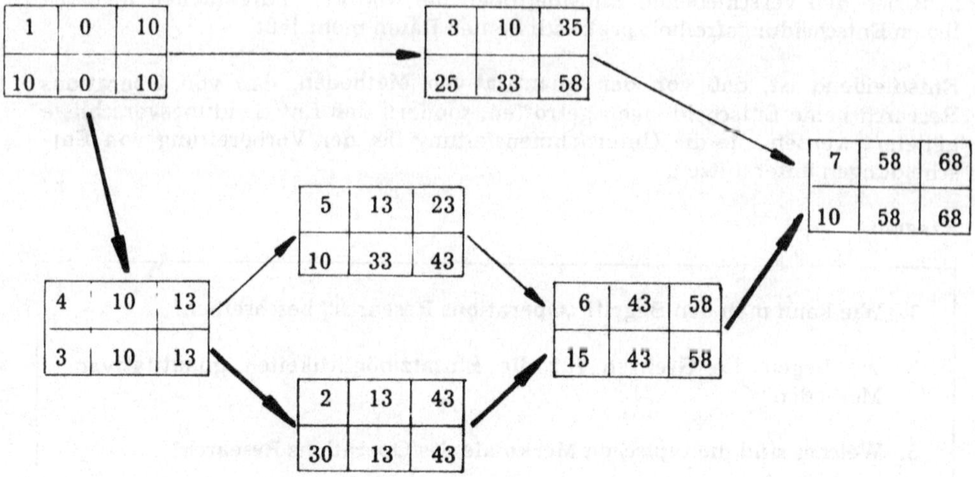


Die Dauer des gesamten Projekts beträgt 68 Tage. Sie ergibt sich aus dem frühest möglichen Ende des letzten Vorgangs, das, da man keine Projektverzögerung in Kauf nehmen will, mit dem spätest notwendigen Ende übereinstimmt. Für jeden Vorgang lassen sich die Anfangs- und Endtermine zu ihren frühesten und spätesten Zeitpunkten herauslesen. Vorgänge, bei denen die frühesten und spätesten Zeitpunkte übereinstimmen, haben keinen Spielraum. Es sind sogenannte k r i t i s c h e  V o r g ä n g e. Alle kritischen Vorgänge zusammen ergeben den **kritischen Weg.** Auf diesem Weg bedeutet jede Verzögerung eine Verschiebung des Projektendes. Der kritische Weg ist im Beispiel durch dickere Pfeile hervorgehoben.

Der Vollständigkeit halber sei hier noch bemerkt, daß von den verschiedenen möglichen Netzplantechniken in dem Beispiel die sogenannte Vorgangsknotentechnik angewendet wurde.

## V. Zusammenfassung der Möglichkeiten und Grenzen quantitativer Methoden

Quantitative Methoden lassen sich dort anwenden, wo Sachverhalte quantitativ faßbar sind und wo sich die Realität durch ein mathematisches Modell nachbilden läßt. Komplexe Zusammenhänge lassen sich dadurch exakt analysieren und können zu klaren Aussagen für die Entscheidungsfindung führen.

Die Grenzen der quantitativen Methoden liegen darin, daß gerade im industriellen Bereich zum einen die Forderung nach der Quantifizierbarkeit aller in ein Modell eingehenden Faktoren nicht immer erfüllt ist, zum anderen betriebliche Vorgänge manchmal nicht oder nur stark vereinfacht modellmäßig dargestellt werden können. Auch darf man hierbei nicht die Frage nach dem Aufwand für die Lösung des mathematischen Modells außer acht lassen. Nicht zuletzt stellen die mathematischen Modelle eine strenge kausale Beziehung zwischen den verschiedenen Einflußgrößen her, die der individuellen menschlichen Entscheidungsfreiheit praktisch keinen Raum mehr läßt.

Entscheidend ist, daß von den quantitativen Methoden, daß von Operations Research keine Entscheidungen getroffen, sondern daß Entscheidungsvorschläge geliefert werden, die die Unternehmensleitung bei der Vorbereitung von Entscheidungen unterstützen.

**Fragen:**

1. Wie kann man den Begriff „Operations Research" beschreiben?
2. Wo liegen die Grenzen für die Einsatzmöglichkeiten quantitativer Methoden?
3. Welches sind die typischen Merkmale des Operations Research?
4. Welches sind die Schritte bei einem für quantitative Methoden typischen Problemlösungsprozeß?
5. Woraus bestehen die Modelle der linearen Programmierung?
6. Was ist die Zielsetzung der Netzplantechnik?

## Literaturverzeichnis

Funke, H. — Blohm, H.: Allgemeine Grundzüge des Industriebetriebs, 2. Auflage, Essen 1969.

Müller-Merbach, H.: Operations Research, 3. Auflage, München 1973.

Neumann, K.: Operations Research Verfahren, München/Wien 1975.

**Antworten zu den Fragen**

1. Unter „Operations Research“ versteht man die Anwendung quantitativer Methoden zur Vorbereitung optimaler Entscheidungen.

2. Die Grenzen für die Einsatzmöglichkeiten quantitativer Methoden liegen in der Quantifizierbarkeit der Sachverhalte, der Umsetzbarkeit der Realität in ein mathematisches Modell und der Lösbarkeit dieses Modells.

3. Typische Merkmale von OR sind, daß
   — die Realität in einem mathematischen Modell nachgebildet wird und daß
   — die Sachverhalte der Realität quantitativ faßbar sein müssen.

4. Die Schritte lauten:
   — Erkennen und Formulieren des Realproblems,
   — Beschaffung des Zahlenmaterials,
   — Aufstellen des Formalproblems,
   — Lösen des Formalproblems,
   — Lösen des Realproblems.

5. Die Modelle der linearen Programmierung bestehen aus einer Zielfunktion und mehreren Restriktionen. Zielfunktion und Restriktionen sind linear, die Zielfunktion als Gleichung und die Restriktionen i. d. R. als Ungleichungen.

6. Zielsetzung der Netzplantechnik ist die Projektplanung und -überwachung bei aus vielen Einzelvorgängen bestehenden komplexen Projekten. Über die Ablaufplanung erhält man eine Übersicht über die Abhängigkeiten der einzelnen Vorgänge, über die Zeitplanung erhält man die Terminierung des Projekts.

# Unternehmensführung im Industriebetrieb

Von

Prof. Fritz Reinstadler

**Inhaltsverzeichnis**

**Der Autor**

Prof. Fritz Reinstadler,

studierte an den Universitäten Leipzig, Würzburg und Heidelberg Wirtschaftswissenschaften und schloß sein Studium 1946 mit dem Diplom-Volkswirt ab. Danach war er als Wirtschaftssachverständiger im Öffentlichen Dienst, in verschiedenen leitenden Funktionen in der Investitionsgüterindustrie als Marketingdirektor, Geschäftsführer, Bereichsleiter, im Verwaltungsrat und im Beirat im In- und Ausland tätig. Von 1969 an ist er Lehrbeauftragter und von 1970 an Professor für Betriebswirtschaftslehre insbesondere Unternehmensführung an der Fachhochschule des Landes Rheinland-Pfalz, Abteilung Ludwigshafen/Worms, Wirtschaftswissenschaften.

# C. Unternehmensführung durch Zielvereinbarung (Ein System und eine Technik)

**Lernziele:**

Nach dem Studium dieses Beitrags sollten Sie
- die Ursachen für die zunehmende Bedeutung des MbO erkennen,
- den Zusammenhang (Interdependenz) zwischen „Führungstechnik durch Zielvereinbarung“ und Führungsstil kennen,
- wissen, welches Instrumentarium erforderlich ist, um eine „Unternehmensführung durch Zielvereinbarung“ zu realisieren,
- Stellenbeschreibungen anfertigen können,
- Leistungsstandards herstellen können,
- das Funktionieren des Kontrollsystems (Soll/Istvergleich) für Tätigkeiten auf verschiedenen Rängen verstehen und anwenden können.

**Vorbemerkung**

Die „Unternehmensführung durch Zielvereinbarung“ wird heute von vielen zu Recht als die moderne Führungsform bezeichnet. Der folgende Beitrag gibt eine Gesamtdarstellung dieser Führungstechnik, wobei die unmittelbare Veranschaulichung durch Beispiele aus der industriellen Führungspraxis im Vordergrund steht. Zu den allgemeinen Grundlagen und zur Einordnung dieser Führungsform in den Methodenkomplex der Unternehmensführungslehre wird auf Oehme, Methoden der Unternehmensführung, Seite 16 bis 24 und auf Jeuschede, Führungstechniken, Seite 10 bis 19 verwiesen. Zur Stellenbeschreibung finden sich die grundlegenden Ausführungen in Hub, Betriebsorganisation, Seite 20 bis 42.

## I. Die Problematik

Die Führungskräfte der Wirtschaft (und der Verwaltung) stehen zunehmend in einem doppelten Dilemma. Als Fachleute sehen sie die Notwendigkeit, mit einer quantitativ steigenden Wissensmenge fertig zu werden, sie zu verarbeiten und bei ihrer Tätigkeit als Leitende entsprechend zu berücksichtigen. Andererseits haben sie mit der Tatsache fertig zu werden, daß notwendige Führungsfertigkeiten einen immer größeren Raum in ihrer Gesamtführungstätigkeit einnehmen.

Schon bald nach der Übernahme einer Führungsaufgabe wird der Fachmann (Spezialist) feststellen, daß seine Fachkenntnisse allein nicht ausreichen, um einer Gruppe von Menschen (Mitarbeitern) vorzustehen und sie auf ein gemeinsames Ziel im Unternehmen organisatorisch und leistungstechnisch auszurichten. Er ist also genötigt, sich zusätzlich das notwendige Führungswissen anzuarbeiten, damit die Effizienz seiner Führungstätigkeit steigt.

## 1. Wieso wird die Führungsaufgabe besonders im industriellen Bereich immer komplexer?

Die internationale Arbeitsteilung schreitet progressiv voran. Zusammenschlüsse von Unternehmungen werden immer häufiger. Die Komplexität von Firmengruppen wächst. Dadurch schwindet die Transparenz.

Die Bedürfnisstrukturen unterliegen zunehmend einem schnelleren Wandel, d. h. die Lebenskurven der Produkte werden kürzer, schnellere Entwicklungen sind deshalb notwendig.

Der Einfluß des Staates (nicht nur des Fiskus) wächst von Jahr zu Jahr und macht die Beachtung zahlloser Vorschriften und Gesetze notwendig.

Die Innovation entwickelt sich progressiv. Die Führungen der Industrie-Unternehmungen haben die Aufgabe, neue Entwicklungen in ihre Produkte eingehen zu lassen.

Die sozialen Strukturen unterliegen ebenfalls einem Wandel.

Alle diese Entwicklungen verlangen die zunehmende Beschäftigung des Managements mit der Zukunft, also mit der Planung. Aber woher soll der Manager die Zeit nehmen, sich mit dem eigentlichen Managementprozeß zu befassen, und zwar damit

— Ziele zu setzen, zu planen, zu entscheiden,
— auf die Ziele hin zu organisieren,
— Mitarbeiter zu führen,
— zu kontrollieren,
— zu repräsentieren.

Um die Effizienz der Führungstätigkeit zu vergrößern, hat die Führungslehre im letzten Jahrzehnt versucht, Techniken zu entwickeln (eine ausführliche Darstellung der verschiedenen Führungstechniken bzw. Führungskonzeptionen ist in dem Beitrag von Jeuschede, Seite 10 ff. zu finden). Eine Reihe davon ist unter den sogenannten „Bys" zusammengefaßt und in der Literatur sattsam beschrieben.

Beim näheren Hinsehen stellt sich jedoch heraus, daß die sogenannten „Bys" zusammengenommen nur eine Managementtechnik (oder Führungstechnik) beinhalten, nämlich diejenige, Aufgaben zu delegieren, nur im Ausnahmefall einzugreifen (Exception) und mit den Mitarbeitern Zielvereinbarungen zu treffen, über deren Erreichen bzw. Nichterreichen man sich mit Hilfe eines Systems Rechenschaft gibt. Mit diesem System wollen wir uns hier schwerpunktmäßig befassen. Zuvor jedoch noch ein weiterer Gesichtspunkt.

## 2. Wandlung der Bedürfnisstrukturen der Mitarbeiter in den letzten zwei Jahrzehnten

Die Motivatoren „Erfolg“ und „Selbstverwirklichung“ spielen eine immer größere Rolle. Die Methode, Aufgaben zu verteilen und sie erledigen zu lassen, ist nur noch bei einfacher Tätigkeit auf Dauer möglich. Die Mitarbeiter in Wirtschaft und Verwaltung wollen neben der Aufgabe auch Verantwortung übernehmen und die entsprechenden Kompetenzen erhalten.

Die Notwendigkeit, einerseits genügend Zeit für den eigentlichen Managementprozeß aufzubringen und andererseits den veränderten Bedürfnisstrukturen der Mitarbeiter entgegenzukommen, fordert geradezu die Anwendung des Systems

„Unternehmensführung durch Zielvereinbarung“.

Vereinbaren aber können wir nur etwas mit Partnern, mit Menschen also, die etwas zu sagen haben, und nicht mit Untergebenen, die gewöhnt sind, zu gehorchen.

Die Interdependenz zwischen Führungstechnik einerseits und Führungsstil andererseits geht aus der hier folgenden schematischen Darstellung hervor:

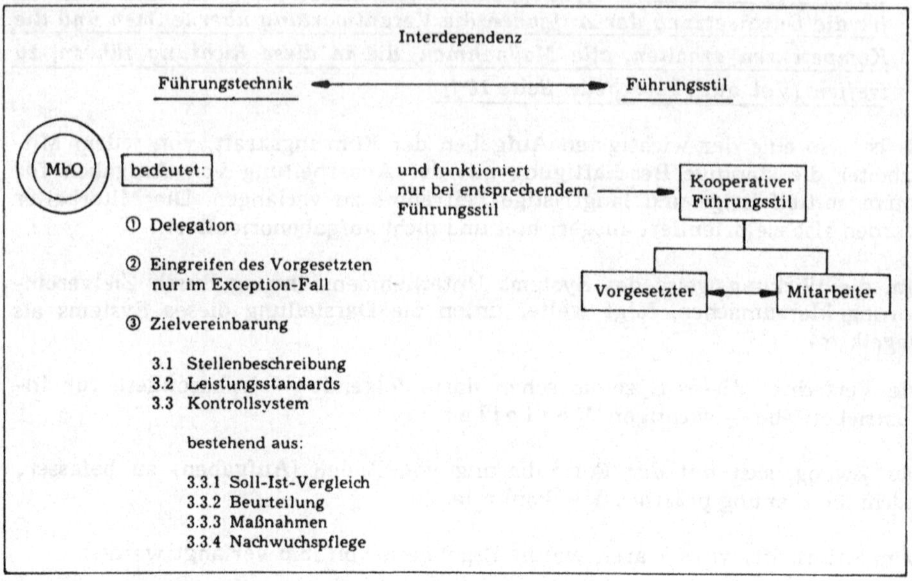


*Abb. 1: Interdependenz von Führungstechnik und Führungsstil*

Und was sind die Konsequenzen?

Es gibt keine ausreichende Planung (Beschäftigung mit der Zukunft) ohne die Technik der „Unternehmensführung durch Zielvereinbarung“.

Es gibt keine Ziele (Aufgaben) ohne Planung.

Es gibt keine Unternehmensführung durch Zielvereinbarung ohne kooperativen Führungsstil.

Es gibt dieses System ebenfalls nicht ohne ein (allerdings aufwendiges) Instrumentarium, nämlich

— Stellenbeschreibung,
— Leistungsstandards,
— Kontrollsystem.

## II. Die Lösung durch System

### 1. Was versteht man unter „Unternehmensführung durch Zielvereinbarung"?

In aller Kürze kann man dieses System so definieren:

*Führung durch Zielvereinbarung ist ein Prozeß, in dem die Mitarbeiter einer Unternehmung zusammen mit ihren Vorgesetzten Aufgaben fixieren, für die Durchsetzung der Aufgaben die Verantwortung übernehmen und die Kompetenzen erhalten, alle Maßnahmen, die in diese Richtung führen, zu treffen. (Vgl. auch Jeuschede, Seite 10 ff.)*

Es ist also eine der wichtigsten Aufgaben der Führungskraft, von jedem Mitarbeiter die ständige Beschäftigung mit der Ausarbeitung von Aufgaben für kurze, mittelfristige und langfristige Zeiträume zu verlangen. Die Mitarbeiter werden also zielorientiert ausgerichtet und nicht aufgabenorientiert.

Um die Wirkungsweise des Systems Unternehmensführung durch Zielvereinbarung klarzumachen, folgt weiter unten die Darstellung dieses Systems als Regelkreis.

Die Verfechter dieses Systems sehen darin folgende — insbesondere für Industriebetriebe — wichtigen V o r t e i l e :

Der Zwang, sich mit der Formulierung von Zielen (Aufgaben) zu befassen, macht die Planung präziser, d. h. konkreter.

Dem Mitarbeiter wird klarer, welche Ergebnisse von ihm verlangt werden.

Mitarbeiter und Vorgesetzte einigen sich auf quantifizierbare, mindestens aber beschreibbare Aufgaben und arbeiten demzufolge effizienter auf Ergebnisse hin, an deren Verwirklichung sie nicht zuletzt auch wegen der im System vorgesehenen Leistungsbeurteilung selbst interessiert sind.

Die Kommunikation zwischen Mitarbeiter und Vorgesetzten ist um so wirksamer, je intensiver die Zusammenarbeit gestaltet wird, wozu wiederum die gemeinsame Zielsetzung zwingt.

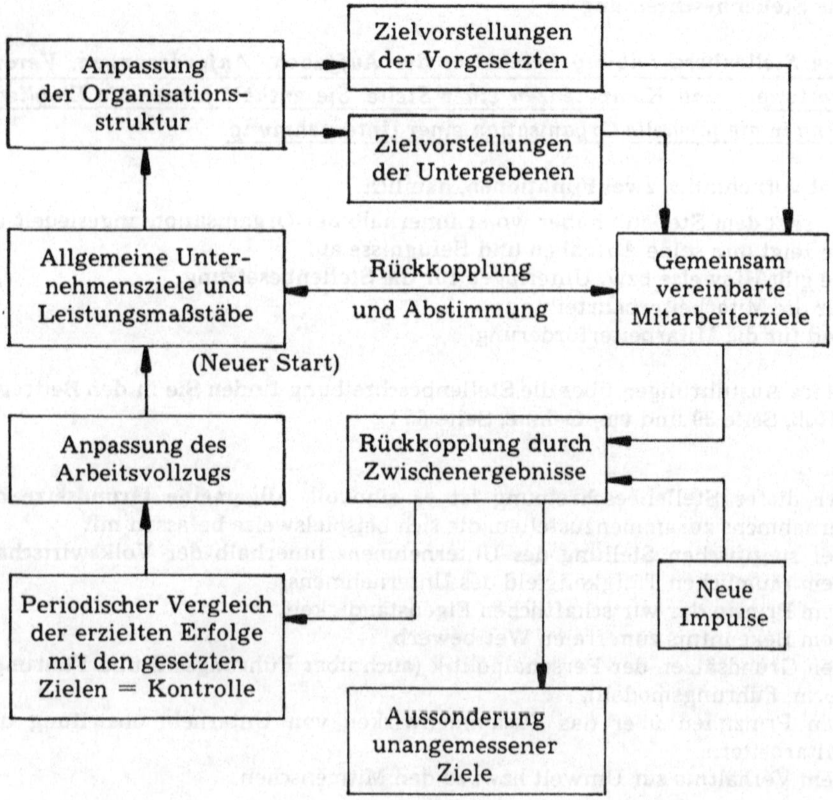


*Abb. 2: Management durch Zielvereinbarung und Regelkreisprinzip*
*Aus: Odiorne, G. S.: Management by Objectives, München 1967, S. 102*

Durch klare Fixierung von Aufgaben und Zielen ist die Soll-Ist-Abweichung transparenter und gibt umso eher die Möglichkeit, zielorientierte Korrekturen vorzunehmen, was wiederum zur Erhöhung der Effizienz der Zusammenarbeit führt.

Schwächen können leichter erkannt und ausgemerzt werden. Talente können leichter entdeckt und gefördert werden.

## 2. Das eigentliche System

Die Unternehmensführung durch Zielvereinbarung funktioniert durch **drei Elemente:**
— die Stellenbeschreibung,
— die Leistungstandards,
— die Kontrolle.

### a) Die Stellenbeschreibung

*Die Stellenbeschreibung beinhaltet die Aufgaben, Anforderungen, Verantwortungen und Kompetenzen einer Stelle. Sie enthält ferner die Eingliederung in die formelle Organisation einer Unternehmung.*

Sie hat vornehmlich **zwei Funktionen,** nämlich

- sie sagt dem Stelleninhaber wo er innerhalb der Organisation angesiedelt ist;
- sie zeigt ihm seine Aufgaben und Befugnisse auf;
- sie gibt Hinweise bzw. Unterlagen für die Stellenbesetzung, für die Mitarbeiterbeurteilung und für die Mitarbeiterförderung.

(Weitere Ausführungen über die Stellenbeschreibung finden Sie in den Beiträgen von Hub, Seite 39 und von Oehme, Seite 65.)

Außer dieser Stellenbeschreibung ist es sinnvoll, **allgemeine Grundsätze** des Unternehmens zusammenzustellen, die sich beispielsweise befassen mit

- der spezifischen Stellung des Unternehmens innerhalb der Volkswirtschaft,
- dem räumlichen Tätigkeitsfeld des Unternehmens,
- dem Prinzip der wirtschaftlichen Eigenständigkeit,
- dem Bekenntnis zum freien Wettbewerb,
- den Grundsätzen der Personalpolitik (auch über Führungsstil und Führungsform, Führungsmodell),
- den Prinzipien über das Zusammenwirken von Unternehmensleitung und Mitarbeitern,
- dem Verhältnis zur Umwelt bzw. zu den Mitmenschen.

Durch diese allgemeinen Grundsätze soll vermieden werden, daß die Stellenbeschreibungen mit ständig wiederkehrenden Bemerkungen dieser Art überladen werden. Auf diese Weise finden wir in der eigentlichen Stellenbeschreibung lediglich noch den Namen des Stelleninhabers, den Rang der Stelle, die Vertretung durch den Stelleninhaber, die passive Vertretung des Stelleninhabers, schließlich Unterschriftsvollmachten, die Hauptaufgaben der Stelle, die Einordnung in die Hierarchie, Unter- und Überstellung sowie die Mitarbeit in innerbetrieblichen und außerbetrieblichen Gremien sowie die Vertretung nach außen und schließlich die Zeichnungsvollmachten.

Diese Vorgehensweise macht den Umgang mit der Stellenbeschreibung wesentlich einfacher und zeitsparender. Trotzdem gibt es in den meisten Unternehmungen eine ganze Reihe von Schwierigkeiten mit der Stellenbeschreibung. Hier kurz einige Hinweise:

- Die Stellenbeschreibungen sind meistens zu lang und verlangen zuviel zeitlichen Aufwand.
- Sie werden vornehmlich von jüngeren Assistenten angefertigt, die erfahrungsgemäß des öfteren ihre Stabsstellung wechseln bzw. sich aus der Assistententätigkeit herausentwickeln. Durch die Mobilität der Sachbearbeiter

leidet das System sehr, die Stellenbeschreibungen werden nicht exakt auf dem laufenden gehalten.
— Die Stellenbeschreibung einzuführen ist mühsam und schmerzhaft, weil sie den Mitarbeiter, so meint er jedenfalls, einengt und festlegt.
— Es sind Jahre notwendig, um das System wirklich wirksam zu machen. Ein Jahr brauchen wir alleine, um es einzuführen und zu etablieren.
— Das System kostet Geld, man braucht Personal, und diese Kosten scheuen viele Betriebe. Sie übersehen dabei, daß der Nutzen des Systems höher liegt als die Kosten. Dabei wirkt noch erschwerend, daß die Vorzüge des Systems, d. h. der Rationalisierungseffekt lediglich zu spüren ist, weniger zu berechnen.
— Bei Stabskräften ist es außerordentlich schwierig, in Stellenbeschreibungen die Sachabgrenzung zum Nachbarn zu bewerkstelligen.
— Die Geschäftsleitungen sehen oftmals nicht ein, weshalb sie ein relativ kostspieliges System einführen sollen.

Hier nochmals eine kurze Zusammenstellung der **Vorteile der Stellenbeschreibungen:**

- **Vorteile für die Mitarbeiter**

— Die Stellenbeschreibung legt die Normalfälle fest und zeigt auf, wann der Chef eingeschaltet werden muß (Exception-Fall).
— Der Mitarbeiter erhält für die Erfüllung seiner Aufgaben Handlungsfreiheit.
— Der Mitarbeiter erhält Informationen, die die Grundlage für sein richtiges Verhalten sind.
— Der Mitarbeiter bekommt eine Basis für seine Selbstkontrolle.
— Sie gibt ihm mehr Sicherheit für eine objektive Beurteilung durch seine Vorgesetzten.
— Die Stellenbeschreibung trägt zur Objektivierung der Entlohnung bei.
— Die Stellenbeschreibung erleichtert dem neuen Mitarbeiter seine Einarbeitung.

- **Vorteile für Vorgesetzte**

— Der Mitarbeiter kann sich seiner Verantwortung in bezug auf die Aufgabe nicht entziehen.
— Die Stellenbeschreibung dient auch als Grundlage der Dienstaufsicht und der Erfolgskontrolle.
— Durch die Aufgabenverteilung gewinnt der Vorgesetzte Zeit für seine Führungsaufgaben.

- **Vorteile für die Unternehmen**

— Die Gesamtorganisation wird transparenter.
— Improvisationen werden weitgehend vermieden.
— Die Unternehmensführung wird entlastet.
— Sie kann sich ihren eigentlichen Aufgaben — sprich: dem Managementprozeß — widmen.
— Die menschlichen Arbeitsreserven werden aktiviert, wodurch eine Leistungssteigerung ohne größere Anstrengungen für die Mitarbeiter erzielt wird.
— Der Nachwuchs innerhalb des Unternehmens wird sichtbar.

| Stellenbeschreibung | | Blatt 1 |
|---|---|---|
| Firma<br><br>*ABC* | Stellenbez. *Zentraleinkauf* | Datum *14. 04. 77* |
| | Kurzzeichen Kostenstelle *ZEK* | ersetzt Sb v. |

Name *H. Schau*

Rang der Stelle *Hauptabteilung*

Stelleninhaber vertritt (aktiv) *Bereichsleiter Materialwirtschaft ZBM*

Stelleninhaber wird vertreten (passiv) *Von dem Abteilungsleiter der Abt. EK 1*

Bemerkungen:

| Unterschrift des Stellen-inhabers | Unterschrift der direkten Vorgesetzten | Unterschrift der nächst-höheren Vorgesetzten | Für Sb zuständigen Stelle(n) | Datum |
|---|---|---|---|---|
| *(Schau)* | *(Bereichs-leiter ZBM)* | *(Vorstand)* | *(Organisation)* | *14. 04. 77* |

Verteiler: *V, ZBM, ZL, EK 1, EK 2, EK 3, EK 4, EK 5, EK 6, EK 7, Org.*

*Abb. 3: Stellenbeschreibung (verkürztes Beispiel)*

| Stellenbeschreibung | | | Blatt 2 |
|---|---|---|---|
| Firma<br><br>*ABC* | Stellenbez.<br>*Zentraleinkauf* | | Datum<br>*14. 04. 77* |
| | Kurzzeichen<br>Kostenstelle | *ZEK* | ersetzt Sb v. |

**Stellenziel (Hauptaufgabe)**

*Die Beschaffung von Gütern und Dienstleistungen ist ein zentrales Problem der ABC.*

*Der Stelleninhaber hat die zur Produktion notwendigen Materialien und Dienstleistungen zu günstigen Preisen so zu beschaffen, daß diese in der benötigten Menge, der notwendigen Qualität und rechtzeitig zur Verfügung stehen.*

**Einordnung in die Organisation**

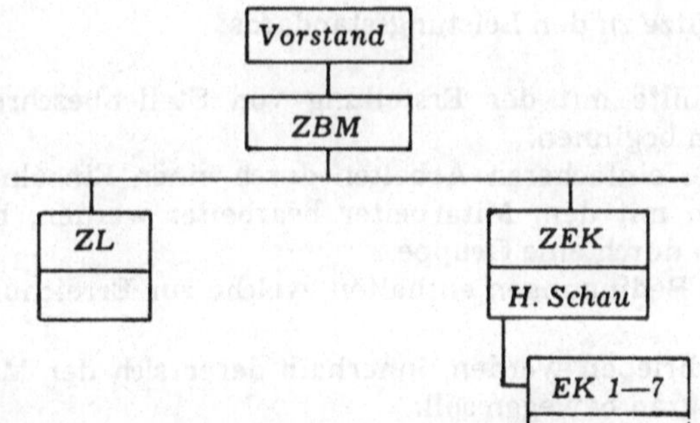


**Unterstellung**

*Zentralbereich Materialwirtschaft (ZBM)*

**Überstellung**

*EK 1*
*EK 2*
*EK 3*
*EK 4*
*EK 5*
*EK 6*
*EK 7*

| **Aufgaben der Stelle** | **Zeitanteil in %** |
|---|---|
| *Der Stelleninhaber ist zuständig und entscheidet über:* | |
| *1. den Einkauf von Gütern und Dienstleistungen,* | *20* |
| *2. Erschließen von neuen Beschaffungsmärkten unter Berücksichtigung wirtschaftlicher Grundsätze,* | *30* |
| *3. Pflege und Ausbau der bestehenden Lieferkonakte.* | |
| *10. Er delegiert nach eigenem Ermessen die Beschaffung von Gütern und Dienstleistungen an die Einkaufsgruppen.* | *5* |

*Abb. 3: Stellenbeschreibung (verkürztes Beispiel)*

— Doppelarbeit wird vermieden.
— Das Betriebsklima wird besser.
— Die Fluktuation wird geringer.
Die Durchführung der Stellenbeschreibung wird hier nicht beschrieben, es wird in diesem Zusammenhang auf die Literatur verwiesen.

**b) Leistungsmaßstäbe (Leistungsstandards)**

*Die Leistungsmaßstäbe sagen aus, w i e eine bestimmte Aufgabe gelöst werden muß. Es handelt sich um schriftliche Angaben darüber, wann eine Leistung als gut oder weniger gut zu bezeichnen ist.*

*Leistungsstandards beziehen sich genau auf die jeweilige Stellenbeschreibung.*

Für jede in der Stellenbeschreibung aufgeführte Aufgabe werden möglichst meßbare Werte in Zahlen fixiert oder aber exakte verbale Beschreibungen erstellt. Die Standards müssen sowohl nach Inhalt wie nach Ausmaß klar sein, sie dürfen keine Gummibegriffe enthalten, wie z. B. „möglichst" oder „unverzüglich".

Hier ein paar allgemeine Grundsätze zu den Leistungsstandards:

— Die Unternehmensführung sollte mit der Erstellung von Stellenbeschreibungen und Standards bei sich beginnen.
— Leistungsmaßstäbe sollten bei einfacheren Arbeiten durch einen Einzelnen (den Vorgesetzten) zusammen mit dem Mitarbeiter bearbeitet werden, bei anspruchsvolleren Tätigkeiten durch eine Gruppe.
— Leistungsstandards sollen die Bedingungen enthalten, welche zur Erreichung der Leistungsziele führen.
— Es sollen Toleranzfelder beschrieben werden, innerhalb derer sich der Mitarbeiter mit seinem Leistungsgrad bewegen soll.
— Die Leistungsstandards sollten durch Kooperation zwischen Mitarbeiter und Vorgesetzten zustande kommen.
— Die Leistungsmaßstäbe sollen sich den veränderten Bedingungen jeweils anpassen.

Herr Segesser (Direktor der Swissair in Zürich) beschäftigt sich seit vielen Jahren mit dem System Stellenbeschreibung, Leistungsstandards und Kontrolle. Das bei der Swissair praktizierte System hat den Autor stark beeindruckt. Die hier folgenden Gedanken und Darstellungen sind von dort her beeinflußt.

Mit Leistungsstandards zu arbeiten ist nicht einfach. Es bedarf einer systematischen Vorbereitung und zwar zunächst in der obersten Führungsspitze, die sich ganz hinter das System stellen muß, wenn es erfolgreich angewendet werden soll.

Zunächst ist wichtig, ein Organ mit der Durchführung der Aufgabe zu betrauen. Gewöhnlich wird es die Organisationsabteilung sein, die mit dieser Aufgabe an der obersten Unternehmensspitze organisatorisch angehängt ist.

In die Einführungsphase gehört, daß zunächst das gesamte System systematisch erklärt wird, daß sämtliche Führungskräfte nach und nach mit der Technik des Systems vertraut gemacht werden.

Im folgenden werden einige Grundsätze genannt, die für das Vorgehen bei der Erstellung von Leistungsstandards unbedingt beachtet werden sollten:

Die Stellenbeschreibung ist die Grundlage.

Der Standard sagt, wie die Aufgabe quantitativ und qualitativ gelöst werden soll.

Jede Funktion muß meßbar sein, es müssen also Kriterien für die Beurteilung geschaffen werden, welche Antwort auf die Frage geben, was getan werden muß, um die Aufgaben gut zu erfüllen.
Die Standards müssen den Stellenbeschreibungen genau entsprechen.

Jeder Aufgabe werden etwa 3 bis 4 Maßstäbe oder Standards zugeteilt.

Die Maßstäbe sollen realistisch sein.

Der Vorgesetzte und der Mitarbeiter müssen mit den Maßstäben einverstanden sein.

Die Maßstäbe müssen ein Datum besitzen und müssen vom Mitarbeiter abgezeichnet sein.

Alle Standards müssen zentral registriert werden.

Sie werden jährlich oder, wenn es die Änderungen erfordern, auch in kürzeren Zeitabschnitten überarbeitet.

Die folgende Darstellung gibt ein **Beispiel** für einen derartigen Leistungsstandard (vgl. Abb. 4 auf Seite 44).

**c) Die Kontrolle**

Stellenbeschreibung und dazu gehörige Leistungsstandards sind für sich alleine genommen schon ein großer Fortschritt, jedoch sind sie nur ein Teil des Systems. In regelmäßigen Abständen (ein Jahr, zwei Jahre) muß der Vergleich erfolgen zwischen den vereinbarten Aufgaben und den ebenfalls vereinbarten Standards. Die Abweichungen müssen deutlich werden; eine Analyse der Abweichungen soll Auskunft darüber geben, ob entweder die Ziele oder die Verhaltensweisen der Mitarbeiter geändert werden müssen und welche Maßnahmen erforderlich sind, um eine bessere Zielerreichung zu gewährleisten. Schließlich soll beim Soll-Ist-Vergleich herauskommen, welche Mitarbeiter mit welcher Intensität und mit welchen Mitteln gefördert werden sollen bzw. können.

| **Leistungsstandard** | | Blatt 1 |
|---|---|---|
| Firma<br>*ABC* | Stellenbez. *Zentraleinkauf* | Datum *14. 04. 77* |
| | Kurzzeichen<br>Kostenstelle *ZEK* | ersetzt LS v. |

*Der Leiter der Hauptabteilung Zentraleinkauf löst seine Aufgabe gut in bezug auf:*

*Punkt 1 der Stellenbeschreibung*
*wenn:*

*1.1. er nach den im Einkaufshandbuch festgelegten Richtlinien verfährt*

*1.2. die von der Produktion benötigten Güter so zur Verfügung gehalten werden, daß keine Produktionsverzögerung eintritt*

*1.3. die Anforderungen auf die wirtschaftlich geeignetste Bestellenge hin überprüft werden, um die durchschnittliche Lagerdauer von 3 Monaten nicht zu überschreiten.*

•
•
•

*1.8. er über alle Warenbezüge im Durchschnitt 15 % Nachlaß auf Listenpreise erhält.*

*Punkt 2 der Stellenbeschreibung*
*wenn:*

*2.1. regelmäßig Messebesuche erfolgen und darüber Berichte verfaßt werden*

*2.2. das Lieferantenverzeichnis jeweils auf dem neuesten Stand ist*

•
•
•

*2.5. die jeweils neuen Lieferanten zu günstigeren Konditionen beliefern als deren Vorgänger.*

*Abb. 4: Beispiel für einen Leistungsstandard*

Das Tableau auf Seite 45 zeigt, wie das System aussehen könnte (bzw. wie es grob betrachtet bei der Swissair praktiziert wird).

Wir unterscheiden einerseits die Einzelbeurteilung und andererseits die Beurteilung durch Gruppen.

Die **Einzelbeurteilung** wird überall dort gehandhabt, wo es sich um relativ kleine Ränge handelt (Arbeiter und Tarif-Angestellte). Sie wird so gehandhabt, daß in einem bestimmten Zeitrhythmus der Vorgesetzte an Hand der Stellenbeschreibung und der Leistungsstandards die effektiven Leistungen des Mitarbeiters in einem Gespräch beurteilt.

| Art der Mitarbeiter (Ränge) | Art der Beurteilung | Zeitintervalle der Beurteilung |
|---|---|---|
| Einfache Mitarbeiter mit einfacher Tätigkeit | Der Vorgesetzte füllt durch Ankreuzen einen Vordruck aus (einstufiges System) | jedes Jahr |
| Führungskräfte in den Rängen 1—4 | | |
| Rang 1 Gruppenführer | 3-stufig (1. Stufe = Einzelbeurteilung durch den Vorgesetzten) | 1. Stufe jedes Jahr<br>1.—3. Stufe jedes 2. Jahr |
| Rang 2 Abteilungsleiter | 3-stufig (1. + 2. Stufe als Gruppenbeurteilung) | 1. Stufe jedes Jahr<br>1.—3. Stufe jedes 2. Jahr |
| Rang 3 Direktor | wie Rang 2 | wie Rang 2 |
| Rang 4 Vorstand/Geschäftsführer | wie Rang 2 + 3 | wie Rang 2 + 3 |
| *Anmerkung:* | „Jedes Jahr" werden die Sachleistungen beurteilt (Soll/Ist)<br>„Jedes 2. Jahr" werden auch die Führungsqualitäten beurteilt (Entwicklung der Mitarbeiter, Kritik, Anerkennung, Weiterbildung o. ä.) | |

Abb. 5: *Beurteilungssystem (Kontrolle), schematische Darstellung*

Bei der **Gruppenbeurteilung** befassen sich außer dem direkten Vorgesetzten des Mitarbeiters auch noch ein oder mehrere ranggleiche Kollegen des Vorgesetzten an der Beurteilung des Mitarbeiters. Die Gruppenbeurteilung kommt überall dort in Frage, wo es sich um anspruchsvolle Tätigkeiten und um höhere Ränge handelt, beispielsweise vom Handlungsbevollmächtigten aufwärts.

Das Gruppenbeurteilungsverfahren geht in drei Stufen vor sich.

Zunächst findet die Beurteilung des zu Beurteilenden durch den Vorgesetzten zusammen mit ein oder zwei seiner Kollegen statt.

Dann wird der beurteilende Vorgesetzte wiederum von seinen Vorgesetzten bezüglich seiner Beurteilungstätigkeit überprüft und

schließlich findet zwischen dem Vorgesetzten und dem Mitarbeiter ein sogenanntes Bewertungsgespräch statt, bei dem Kritik bzw. Anerkennung ausgesprochen wird, bei dem ferner die Maßnahmen zur Verbesserung der Situation bzw. der Arbeitsabläufe festgelegt werden und bei dem auch die Führungsfunktion des Mitarbeiters kritisch beurteilt wird.

Nach dieser dritten Stufe ist der Mitarbeiter über folgendes informiert:
über seine Führungsaufgabe,
seine Sachaufgaben und
die zu ergreifenden Förderungsmaßnahmen, die seine Person betreffen.

Mit diesem geschlossenen System (Kontrollsystem) haben wir ein Instrument, das
— die Leistung der Mitarbeiter und des Unternehmens hebt,
— die Organisation transparent macht,
— die Beurteilung des Mitarbeiters objektiviert,
— den Führungsnachwuchs entdecken hilft.

## III. Hinweise zur Technik der Einführung

Nun noch ein Hinweis zur praktischen Einführung des Systems „Unternehmensführung durch Zielvereinbarung". In folgender Reihenfolge muß vorgegangen werden:

① Ernennung eines Beauftragten für das System,
② Schulung des Beauftragten,
③ Information aller Betroffenen, die dem System unterworfen werden.

Dann 14 Tage als „Inkubationszeit" lassen.

Die Direktion beginnt damit, für sich Stellenbeschreibungen anzufertigen, dafür benötigt sie ungefähr einen Monat;

die unter der Direktion stehenden oberen Ränge fertigen ihre Stellenbeschreibungen an;

die untere Führungsebene fertigt ihre Stellenbeschreibungen an, dafür werden 3 Monate in Anspruch genommen.

Hierauf werden hieb- und stichfeste Leistungsstandards während einer Zeit von 6 Monaten erstellt.

Schließlich beginnt nach Ende des zweiten Jahres das Praktizieren des Beurteilungs- bzw. Kontrollverfahrens.

Nun kann man sich vorstellen, daß das System vielen Unternehmensführungen zu aufwendig erscheint.

Der Umfang des einzuführenden Systems muß sich nach der Betriebsgröße richten. Ein 200-Mann-Betrieb hat normalerweise nur zwei Führungsschichten. Hier kann ohne weiteres ein zweiteiliges System ausreichen, nämlich

① das Gespräch zwischen Vorgesetzten und Mitarbeitern und
② das Gespräch mit dem Inhaber oder Unternehmensführer und dem beurteilenden Vorgesetzten.

Bei einem 500-Mann-Betrieb muß man im allgemeinen mit einer dreirangigen Hierarchie rechnen. In diesem Falle dient es der Durchsicht des obersten Führungsgremiums, wenn sowohl das Gespräch zwischen Vorgesetzten und zu Beurteilenden, zwischen dem beurteilenden Vorgesetzten und seinem Vorgesetzten und schließlich das Kritikgespräch zwischen dem Vorgesetzten und seinem zu beurteilenden Mitarbeiter erfolgt.

Zur Frage, welche Rolle die Organisationsabteilung oder der für das System zuständige Fachmann spielt, ist zu sagen:

Qualitative Standards sollten unter Mitwirkung eines Organisationsfachmannes aufgestellt werden. Dieser Organisationsfachmann muß zusätzlich in den Managementtechniken geschult sein, damit das Verständnis für die Interdependenzen der einzelnen Funktionen vorhanden ist.

Der Einsatz des Organisationsfachmannes allerdings macht es nicht überflüssig, daß der Betroffene selbst an den Standards mitarbeitet. Mindestens die quantitativen Komponenten der Leistungsstandards müssen von ihm konzipiert werden.

Im übrigen sollte man das System in Abhängigkeit von der Betriebsgröße, von der Branche und von der Tatsache, ob es sich um eine Firmengruppe oder um ein Einzelunternehmen handelt sehen. Man kann hier ruhig ein bißchen experimentieren.

Wie auch immer man das System für sein Unternehmen anpaßt, folgende Minimumforderungen an das System der „Unternehmensführung durch Zielvereinbarung" sind unerläßlich:

① Stellenbeschreibungen,
② Leistungsstandards,
③ ein Gespräch zwischen Vorgesetzten und Untergebenen zum Zwecke des Soll-Ist-Vergleichs im Jahresrhythmus.

**Fragen:**

1. Welche Voraussetzungen müssen erfüllt sein, um die „Unternehmensführung durch Zielvereinbarung“ zu etablieren?
2. Welche Instrumente sind erforderlich?
3. Welches sind die Hauptinhalte der Leistungsstandards?
4. Wie funktioniert die Kontrolle?
5. Was sind die Vorzüge dieses Systems?
6. Was sind die Minimalanforderungen an das System „Unternehmensführung durch Zielvereinbarung?“

# Literaturverzeichnis

Demmer, Karl. H. u. a.: „Die neuen Management-Techniken", 4. Auflage, München 1970.

Deutsche Verlagsanstalt Lehrtechnologie „Management für alle Führungskräfte in Wirtschaft und Verwaltung II", Stuttgart 1972.

Höhn, Reinhard: „Stellenbeschreibung und Führungsanweisung", 6. Auflage, Bad Harzburg 1971.

Hub, H./Fischer, W.: Techniken der Aufbauorganisation, Stuttgart 1977.

Humble, John W.: „Die Praxis des Management by Objectives", Minden 1972.

Lattmann, Charles: „Leistungsbeurteilung als Führungsmittel", Stuttgart 1975.

Odiorne, George: „Führen und Zielvorgabe", 2. Auflage, München 1973.

Odiorne, George: „Management by Objectives", München 1971.

Oehler, Otto: „Stellenbeschreibungen", 2. Auflage, München 1973.

Ruppelt, Rudolf: „Die Stellenbeschreibung", München 1971.

Schwarz, Horst, und Mitarbeiter: „Arbeitsplatzbeschreibungen", Freiburg im Breisgau 1968.

Wrabetz, W.: „Die Stellenbeschreibung" — Ein Leitfaden für die Praxis, Wiesbaden 1973.

Zander, Ernst: „Gehaltsfestsetzung in Wirtschaft und Verwaltung", Heidelberg 1968.

**Antworten zu den Fragen**

1. Es muß der kooperative Führungsstil eingeführt sein, d. h. Delegation von Aufgabe, Kompetenz und Verantwortung sind Voraussetzung; ferner Delegationswille bei den Vorgesetzten und der Wille zur Übernahme von Verantwortung bei den Mitarbeitern.

2. Stellenbeschreibung, Leistungsstandards und Kontrollsystem.

3. Grundlage sind die Stellenbeschreibungen. Die Standards sagen, wie die Aufgaben qualitativ und quantitativ gelöst werden sollen; die Funktionen müssen meßbar sein, die Beurteilungskriterien müssen möglichst eindeutig Antwort auf die Frage geben, wann eine Aufgabe gut erfüllt ist. Die Maßstäbe sollen realistisch sein (keine dehnbaren Kriterien). Vorgesetzte und Mitarbeiter müssen mit den Maßstäben einverstanden sein. Sie müssen jährlich überarbeitet werden.

4. Es wird sowohl die Einzel- als auch die Gruppenbeurteilung angewendet (je nach Rang). Die Beurteilung ist praktisch der in bestimmten Zeitabständen stattfindende Vergleich zwischen Leistungsstandards und Istleistung. Die Beurteilung geht je nach Rang in 1- bis 3-stufigen Verfahren vor sich. Inhalte der Kontrolle sind: Die Führungsaufgabe, die Erfüllung der Sachaufgaben. Als Ergebnis kommen heraus: die zu ergreifenden Maßnahmen, die Förderungsmaßnahmen in bezug auf die zu beurteilende Person (Mitarbeiter). Dies dient der Selektion des Führungsnachwuchses.

5. Die Leistung des Mitarbeiters und damit des Unternehmens wird gehoben. Die Organisation des Unternehmens wird transparenter gemacht. Die Beurteilung des Mitarbeiters wird objektiviert. Der Führungsnachwuchs wird entdeckt.

6. Stellenbeschreibung, Leistungsstandards, ein Gespräch zwischen Vorgesetzten und Mitarbeitern zum Zwecke des Soll-Ist-Vergleiches im Jahresrhythmus.

# Unternehmensführung im Industriebetrieb

Von

Dipl.-Ing. Ingo Demske und Dipl.-Ing. Peter Henkel

**Inhaltsverzeichnis**

## Die Autoren

Dipl.-Ing. Ingo Demske,

1945 geboren, studierte an der Technischen Universität Berlin Wirtschaftsingenieurwesen und schloß sein Studium mit dem Diplom-Ingenieur ab. Von 1972 bis 1974 war er bei der Siemens AG – Meßgerätewerk, Berlin – in den Funktionen Fabrikplanung und Betriebswirtschaft tätig. Seit 1974 ist er als Unternehmensplaner bei der Schering AG, Berlin/Bergkamen, in der Stabsabteilung Zentrale Organisation beschäftigt.

Dipl.-Ing. Peter Henkel,

1942 geboren, schloß sein Studium der Fachrichtung Wirtschaftsingenieurwesen an der Technischen Universität Berlin mit dem Diplom-Ingenieur ab. Von 1969 bis 1971 ist er in der Stabsabteilung Zentrale Unternehmensplanung und Controlling der Waggon Union, Berlin/Siegen, tätig gewesen. Von 1972 an ist er bei der Schering AG, Berlin/Bergkamen, in der Stabsabteilung Zentrale Organisation beschäftigt und dort zuständig für die Unternehmensplanung.

# D. System der Unternehmensplanung

**Lernziele:**

Nach dem Studium dieses Beitrages sollten Sie erkannt haben,
- warum eine systematische Planung erforderlich ist,
- aus welchen Teilplänen die Gesamtplanung eines Industrieunternehmens besteht,
- welche unterschiedlichen Planungsdimensionen und damit unterschiedlichen Planungsinhalte es gibt,
- wie die Planungstätigkeit in einem Mehrspartenunternehmen organisiert werden kann,
- aus welchen Teilen ein Plan grundsätzlich besteht.

**Vorbemerkung**

Der folgende Beitrag soll
- Zielsetzung,
- Organisation und
- Methodik

der Unternehmensplanung am Beispiel eines Unternehmens der chemisch-pharmazeutischen Industrie beschreiben.

Zu anderen Teilen des Lehrwerkes bestehen folgende Bezüge:

Zu den allgemeinen Aspekten der Planung: Oehme, Methoden der Unternehmensführung, Seite 29 bis 39.

Zu den organisatorischen Aspekten: Hub, Betriebsorganisation, Seite 86 bis 92.

## I. Der Zwang zur Planung im Unternehmen

Die Planung ist die Antwort des Unternehmens auf die Herausforderung der Umwelt. Aus ihrer komplexen Datenvielfalt leiten sich die Chancen und Risiken unternehmerischen Handelns ab:
- Investitionen für Gebäude und Anlagen machen sich in der Regel erst nach Jahren, mitunter sogar nach Jahrzehnten bezahlt.
- Wissenschaftlich-technische Entwicklungen erstrecken sich unter Umständen auf eine Dauer von 3 bis 10 Jahren.
- Schulung von Führungs- und Spezialkräften, einschließlich ihrer Einarbeitungszeit, dauert in der Regel bis zu 5 Jahren.
- Finanzierungen durch langfristige Kredite ergeben für die Planungen im Unternehmen feststehende Daten für eine Dauer von 10 bis 15 Jahren.
- Änderungen politischer Programme können Verordnungs- und Gesetzesänderungen bedingen, deren Folgen für die Unternehmensentwicklung mitunter gravierend sind.

Entsprechend dient Planung dazu

- Trends für Umsätze, Kosten und Ergebnisse zu erkennen.
- Chancen und Risiken bewußt zu machen und auf diese Weise die
  - Basis für realistische Zielsetzungen zu legen sowie
  - Handlungsalternativen zur Erreichung bestimmter Zielsetzungen vorzubereiten.

*Planung ist also eine Tätigkeit, welche die wahrscheinliche und gewünschte Zukunft zur Übereinstimmung zu bringen sucht. Sie führt damit zur Beschreibung und Festlegung von realisierbaren Zielen.*

Hinsichtlich der **Gestaltung der Planung** ist zu beachten:
Der Formalisierungsgrad der Planung hinsichtlich ihres Aufbaues, Inhalts und Ablaufs ist abhängig von der Unternehmensgröße.

## II. Der Bezugsrahmen der Unternehmensplanung

**Umweltprognose, Unternehmenspolitik** und **Planung** sind die **Bezugsgrößen** einer **gesteuerten Unternehmensentwicklung** (Corporate Development).

Dabei ist die Vorhersage für das wahrscheinliche Verhalten aller die wirtschaftliche Entwicklung beeinflussender Faktoren Gegenstand der gesamtwirtschaftlichen Prognose.

Die Vorstellungen über grundsätzliche individuelle Verhaltensweisen im Wirtschaftsprozeß — einschließlich des eigenen Kataloges begründeter genereller Ziele — kennzeichnen den Entscheidungsrahmen des Unternehmens und beschreiben die Unternehmenspolitik.

Die Vorbereitung des zukünftigen Handelns durch Analyse und Wertung gesamtwirtschaftlicher Prognosen, eigene Zielsetzungen sowie der durch Markt und Leistungspotential bestimmten Wirkungsfelder des Unternehmens — bei gleichzeitiger Fixierung notwendiger Maßnahmen (Aktivitäten) — ist Gegenstand unternehmerischer Planung.

*Je umfangreicher die Prognosedaten sind, je spezifischer die Unternehmenspolitik Ziele formuliert, desto breiter ist die Basis der Planung.*

Im Gegensatz zur Prognose, die „mutmaßliche" Entwicklungen aufzeigt, spiegelt die Planung „gewollte" Entwicklungen wider.

## III. Dimensionen der Planung

Inhaltliche, zeitliche und formale Komponenten bestimmen das planerische Handeln im Unternehmen. Unter pragmatischen Gesichtspunkten können drei Dimensionen unterschieden werden:

- **strategische Planung**
Zeitraum: bis ca. 15 Jahre.
Inhalt: problemorientierte, überwiegend langfristige auf das Gesamtunternehmen bezogene Planung.
- **operative Planung**
Zeitraum: 3 bis 5 Jahre.
Inhalt: periodenorientierte Maßnahmen- und Zielplanung, auf Teilbereiche des Unternehmens bezogen.
- **dispositive Planung**
Zeitraum: 12 Monate.
Inhalt: periodenorientierte kurzfristige Ablaufplanung.

*Die strategische Planung hat die Aufgabe, der Unternehmensleitung Unterlagen zur Bestimmung und Festlegung langfristiger Ziele und Strategien zu liefern, ist also im wesentlichen projektorientiert.*

Sie soll dem Unternehmen beispielsweise Tätigkeitsgebiete über die derzeitigen Unternehmensaktivitäten hinaus aufzeigen, die sich auf Grund des Knowhow, des Forschungs- oder Finanzpotentials anbieten.

Diese spezielle Art der Planung wird auch als **Diversifikationsplanung** bezeichnet mit ihren speziellen Formen der
— Akquisition (Übernahme von Unternehmen, die in anderen Bereichen tätig sind),
— Lizenznahme von Produkten, die nicht zum laufenden Geschäft gehören,
— Lenkung von Forschungsaktivitäten auf zusätzliche Tätigkeitsgebiete.

*Die operative Planung hat die Aufgabe, Konsequenzen aus den geplanten Aktivitäten der Unternehmung aufzuzeigen. Die operative Planung ist eine periodenorientierte Planung, die Ziele, Maßnahmen, Zeiträume und Mittel für einzelne Teilbereiche des Unternehmens festlegt.*

Zu den Eingangswerten für die operative Planung zählen u. a. die Ergebnisse strategischer Überlegungen.

**Beispiele** für die operative Planung:

| |
|---|
| **Absatzplanung:** Marktanteile, neue Produkte, Werbeaktionen usw.<br>**Personalplanung:** Anzahl zusätzlicher Planstellen, Qualifikation usw.<br>**Investitionsplanung:** Gebäude, Maschinen usw. |

*Die dispositive Planung legt detaillierte Termine und Daten für alle Teilbereiche des Unternehmens fest und dient somit der situationsnahen Steuerung des Unternehmens.*

**Beispiele** für die dispositive Planung sind:

| |
|---|
| Monatliche Absatzplanung, Fertigungssteuerung, Materialdisposition, Kostenplanung (Budgetplanung). |

Die dispositive Planung verlangt eindeutige Entscheidungen, die in der Regel nur noch wenig alternative Handlungsspielräume bieten.

Neben den rein zeitlichen Aspekten unterscheiden sich die drei Planungsdimensionen vor allem auch hinsichtlich des Detaillierungsgrades.

Strategische Planung: Umfassende, vorwiegend verbale Beschreibung eines Vorhabens.
Operative Planung: Verbale Beschreibung mit Zahlenmaterial und Grobterminierung.
Dispositive Planung: Sehr detailliertes und umfassendes Zahlenmaterial mit exakter Terminfestlegung für Einzelmaßnahmen (einschließlich Beschreibung).

## IV. Organisation der Planung

Hier sind die Fragen zu beantworten:
— Wer plant? (→ Aufbauorganisation)
— Wie erfolgt die Planung im Zeitablauf? (→ Ablauforganisation)
— Welche Teilpläne sind im Rahmen der Unternehmensplanung zu erstellen? (→ Planungsfelder)

### 1. Aufbauorganisation der Planung

Die Planung in einer Planungsabteilung ist nur in kleinen Unternehmen sinnvoll, in denen die Planungsstelle in sehr enger Kommunikation zu den Linienfunktionen steht und damit die Gefahr der „Entfremdung" vom Planaufsteller und Planausführer gering ist.

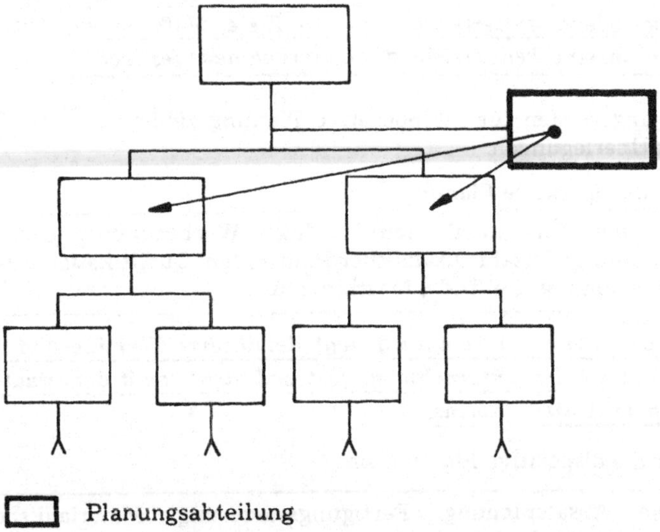


*Abb. 1: Zentralisierte Planung (Aufbauschema)*

Die Form dieser **zentralisierten Planung** eignet sich nicht für Großbetriebe. In der **dezentralisierten Planung** werden alle Planungsaufgaben am „Ort des Geschehens" durchgeführt. Der (kleine) zentrale Planungsstab hat strategische Planungsaufgaben und methodische Richtlinienkompetenz sowie rechnerische Konsolidierungsfunktionen.

Diese Planungsform ist besonders für nichtdiversifizierte Mittelbetriebe geeignet.

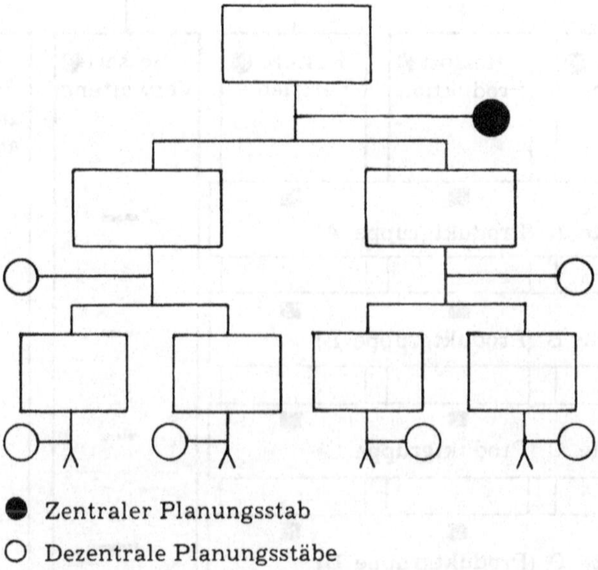

*Abb. 2: Dezentrale Planung (Aufbauschema)*

Der Aufbau einer **semizentralen Planung** ist insbesondere bei diversifizierten Großbetrieben anzutreffen. In Teilbereichen des Unternehmens werden dezentrale Planungsstäbe angesiedelt, die in intensiver Zusammenarbeit mit dem zentralen Planungsstab den Informationsfluß zwischen den Teilbereichen und der Unternehmensleitung sichern. Darüber hinaus muß die „Linie" in die Zielformulierung und -vorgabe sowie in die Planabstimmung einbezogen werden (Planungskomitees), damit sich der Lernprozeß bei der Planaufstellung auf einer möglichst breiten Basis vollziehen kann. Diese semizentrale Planung ist bei Unternehmen angebracht, die in Matrixform organisiert sind. Bei dieser Organisationsform ist die Unternehmensstruktur gekennzeichnet durch die

— funktionale Gliederung in Ressorts und
— eine produktorientierte Gliederung in Sparten.

Das Planungssystem besteht in einer solchen Organisationsform aus weitgehend dezentralisierten Planungseinheiten, die sich unterteilen in

Entscheidungsinstanzen (Planungsträger): Vorstand,
Spartenleitungen,
Bereichs- und Abteilungsleiter;

und Planungsstäbe: Vorstandsassistenten,
Spartenplanungsstäbe,
Fachabteilungen.

Ihre Zusammenarbeit wird durch eine koordinierende zentrale Stabsstelle (Unternehmensplanung) gewährleistet.

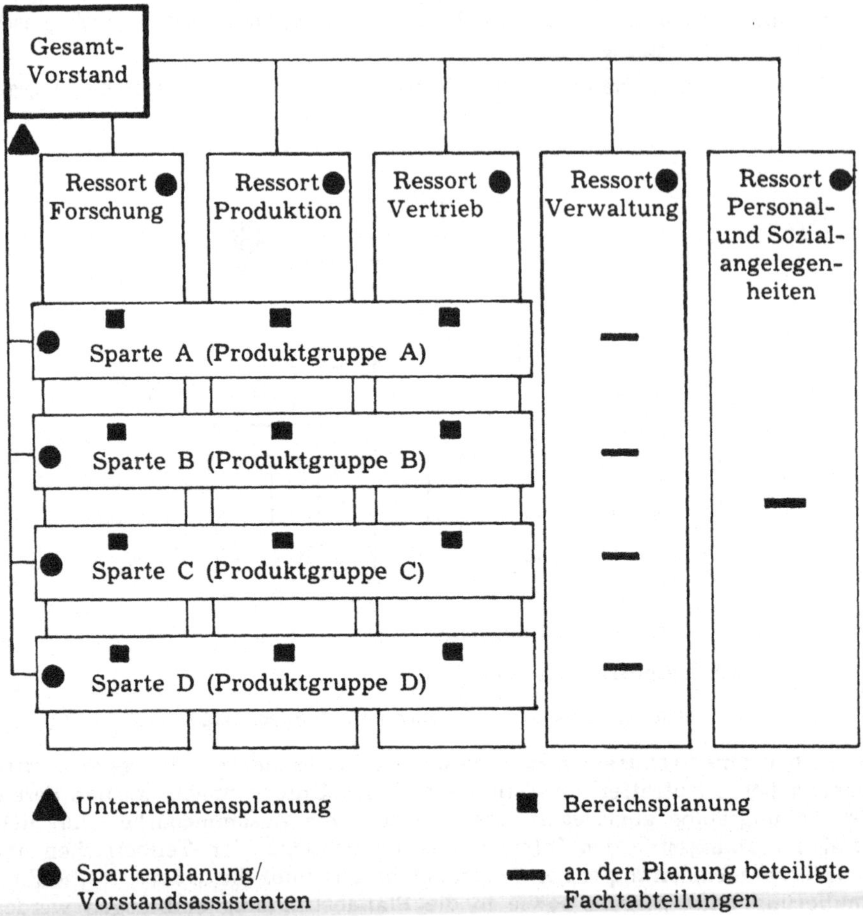


*Abb. 3: Semizentrale Planung (Aufbauschema)*

**Aufgabe der Planungsstäbe** ist es,
- die Planung methodisch zu betreuen,
- die Planungsarbeiten zeitlich (Termine) und
- formal (Planrahmen) zu koordinieren und
- Planungsanalysen durchzuführen.

Die inhaltliche Planungstätigkeit ist Aufgabe der Entscheidungsinstanzen. Die Funktion der Planungsstäbe ist also vorwiegend unterstützender Natur.

Die **strategische Planung** kann in Form eines sparten- und ressortübergreifenden Planungskomitees (PK) organisiert werden. Seine Arbeitsweise veranschaulicht das nachstehende Schaubild (Abb. 4).

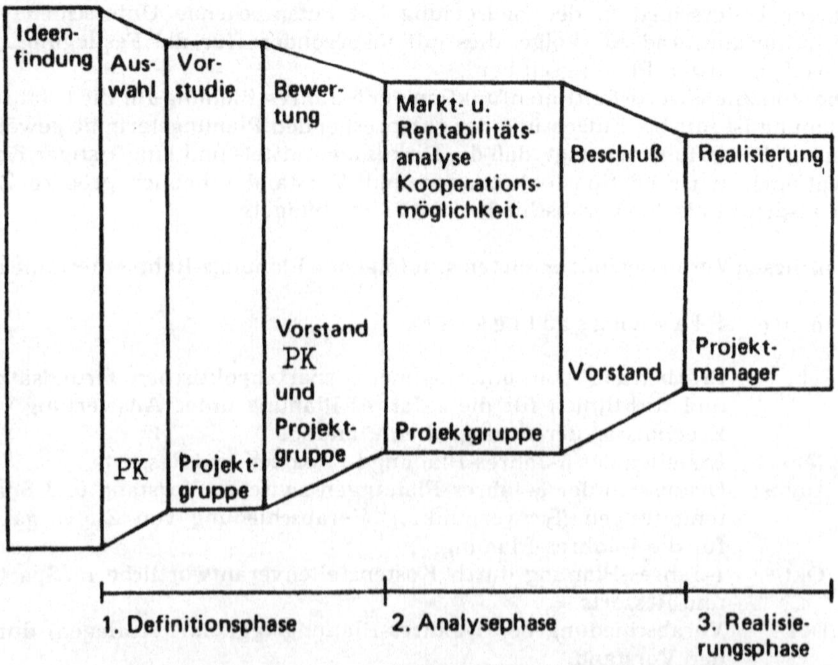


*Abb. 4: Untersuchungsphasen der strategischen Planung*

Aus dem Bild geht hervor, daß die Definitions- und Analysephase in der Regel mehr Zeit beansprucht als die Phase der Realisierung. Den Tätigkeiten in den einzelnen Phasen sind die jeweils vorwiegend damit befaßten Stellen im Unternehmen gegenübergestellt.

## 2. Rahmentermine der Planung

Um einen möglichst reibungslosen Planungsablauf zu gewährleisten, d. h. Planungsaktivitäten zu entzerren und eine logische Folge der einzelnen Planungsdimensionen zu gewährleisten, empfiehlt sich die Festlegung von Planungseckdaten. Dies gilt insbesondere für die operative und die dispositive Planung; die überwiegend projektgebundene strategische Planung dagegen entzieht sich in der Regel einem derartig formalisierten Terminplan.

Für eine klare ablauforganisatorische Trennung von operativer Planung und dispositiver Planung sprechen folgende Gründe:

— Die unterschiedliche Zielsetzung: Während der Schwerpunkt der 5-Jahres-Planung (operative Planung) in dem Erkennen langfristiger Trends so wie der Chancen und Risiken liegt, dient die 1-Jahres-Planung (dispositive Planung) der Festlegung eines klar umrissenen Handlungsspielraus für das jeweils nächste Jahr; sie ist also ganz wesentlich vom Charakter eines B u d g e t s gekennzeichnet.

— Dieser Unterschied in der Zielsetzung hat entsprechende Unterschiede im Detaillierungsgrad zur Folge, dies gilt insbesondere für die Festlegung der jeweils kleinsten Planungseinheit.
— Die wünschenswerte Leitlinienfunktion der 5-Jahres-Planung für die 1-Jahres-Planung ist nur bei Entzerrung der entsprechenden Planungstermine gewährleistet. Die Erfahrung zeigt, daß die Diskussion mittel- und langfristiger Konzeptionen zwischen Spartenleitungen und Vorstand erheblich größere Zeit beansprucht als das Verabschieden von Jahresbudgets.

Gemäß diesen Voraussetzungen bieten sich folgende Planungs-Rahmentermine an:

| Termine | Planungstätigkeit |
|---|---|
| Jan./Febr. | Erarbeitung von unternehmens-/spartenpolitischen Grundsätzen und Richtlinien für die 5-Jahres-Planung unter Auswertung von Ergebnissen der strategischen Planung. |
| März/Mai | Erstellen der 5-Jahres-Planung in Sparten und Ressorts. |
| Juni/August | Diskussion der 5-Jahres-Planungen zwischen Vorstand und Spartenleitungen (Schwerpunkte). Verabschiedung von Zielvorgaben für die 1-Jahres-Planung. |
| Sept./Okt. | 1-Jahres-Planung durch Kostenstellenverantwortliche in Sparten und Ressorts. |
| Nov./Dez. | Verabschiedung der 1-Jahres-Planung (ggf. mit Auflagen) durch den Vorstand. |

Diese Planungsaktivitäten werden von den Planungsstäben unterstützt durch

— methodische Beratung,
— Plausibilitätsprüfungen,
— Entscheidungsvorschläge,
— Alternativplanungen.

## 3. Planungsfelder

Das folgende Schaubild (Abb. 5) zeigt die sogenannten Planungsfelder der Sparten, der zentralen Bereiche und des gesamten Unternehmens.

*Als Planungsfeld ist der sachlich abgegrenzte Bereich zu verstehen, auf den die Handlungsvorbereitung bezogen ist (operativer Begriff).*

In den Sparten entstehen zunächst die Teilpläne (z. B. Absatzplan, Produktionsplan, Investitionsplan), aus denen der Spartenplan zusammengestellt wird, der seinerseits wiederum in den Unternehmensplan einfließt.

Die Pläne der zentralen Bereiche bestehen dagegen im wesentlichen aus Dienstleistungsprogrammen (z. B. Instandhaltung, Datenverarbeitung, Rechtsschutz), deren Kosten auf die Sparten umgelegt werden und damit in die Ergebnisrechnungen der Sparten und des Unternehmens insgesamt eingehen.

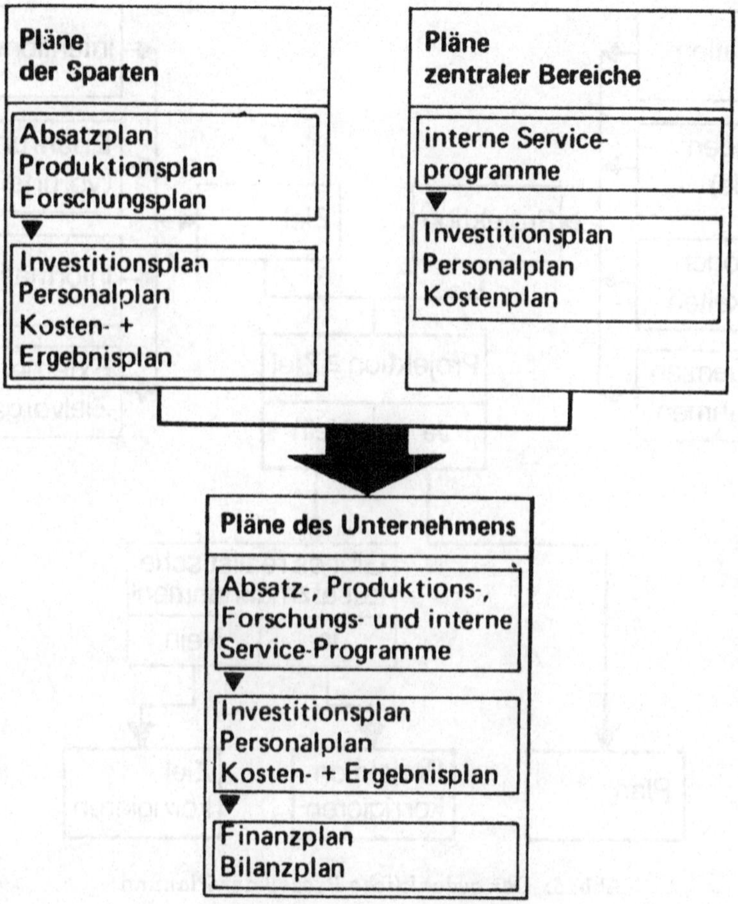


*Abb. 5: Planungsfelder*

Für das Gesamtunternehmen (AG) wird zusätzlich ein Finanz- und Bilanzplan erstellt. Die Einbeziehung der in- und ausländischen Tochtergesellschaften vollzieht sich im Rahmen der Unternehmensgruppen-Planung entsprechend.

## V. Planungsmethodik

### 1. Der Planungsprozeß

Der gedankliche Prozeß der Planung ist ein mehrfaches Kombinieren von Möglichkeiten und Wünschen auf den Ebenen der Bereiche, Sparten und des gesamten Unternehmens. Im Sinne einer Iteration kommt der Prozeß erst dann zum Stillstand — und erzeugt den Plan — wenn Möglichkeiten und Wünsche in Übereinstimmung gebracht sind.

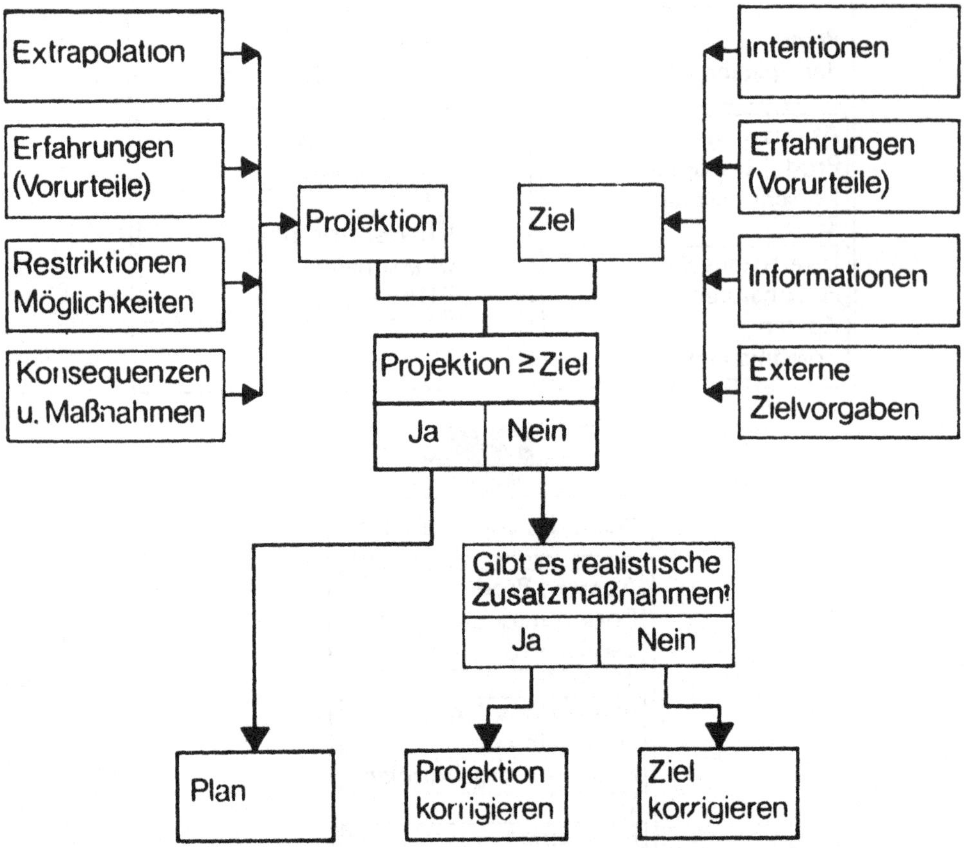


*Abb. 6: Der gedankliche Prozeß der Planung*

Aus extrapolierten Daten und Bedingungen entsteht zunächst eine Projektion. Sie zeigt eine wahrscheinliche Entwicklung, die durch aktives Eingreifen, also durch konkrete Maßnahmen, gestaltet werden kann und muß.

Diese Projektion wird mit den vorhandenen Zielvorstellungen in Sparten und Bereichen verglichen. Abweichungen im Hinblick auf nicht erfüllte Erwartungen führen dann zu Projektionskorrekturen oder zu Zielkorrekturen, die durch das Einbringen von neuen Maßnahmen entstehen. Erfüllen die Projektionsergebnisse, die im weiteren als Planentwürfe zu verstehen sind, alle Erwartungen der Zielvorgabe, könnte der Plan der Sparte oder des Bereiches entstehen. Bevor das jedoch der Fall sein kann, werden zunächst die Projektionen — ohne größere Korrekturen und Abstimmungen — der Geschäftsleitung vorgelegt. Mit diesem Material werden nun die Zielvorgaben für das Gesamtunternehmen verglichen. Der Prozeß, der sich zuvor in Sparten und Bereichen abspielte, vollzieht sich nun für das Gesamtunternehmen erneut. Allerdings wird der Ablauf praktisch nicht so kompliziert empfunden, wie er sich modellhaft hier darstellt.

Der formalisierte, termingebundene Planungsprozeß läuft zweckmäßigerweise nach dem **Prinzip der gleitenden Planung** ab: die operative Planung umfaßt — wie bereits hervorgehoben — einen Zeitraum von 5 Jahren. Dabei gilt das erste Jahr als Grundlage für die jeweils darauffolgende 1-Jahres-Planung. Die Plandaten der folgenden 4 Jahre gelten als Leitlinie. Nach Ablauf eines Jahres wird eine neue 5-Jahres-Planung erstellt, wobei dann 1 Jahr zusätzlich neu zu planen ist, während die bereits für 4 Jahre vorliegenden Planzahlen entsprechend den veränderten Verhältnissen zu korrigieren sind. Diese Planung gewährleistet größtmögliche Flexibilität im Erkennen und Reagieren auf Planabweichungen. Es ist somit möglich, jährlich plankorrigierende oder den Störfaktor abschaffende Maßnahmen zu ergreifen.

## 2. Grundsätzlicher Aufbau von Plänen

Sämtliche Pläne enthalten mindestens vier Abschnitte:

— Ziele,
— Voraussetzungen und Bedingungen,
— Maßnahmen,
— Tabellen.

Insbesondere der verbale Teil ist aus Gründen des Verständnisses und der Kommunikation von größter Bedeutung. Dies gilt insbesondere für die operative Planung: Hier sind die verbalen Aussagen zu Zielen und Maßnahmen Grundlage unternehmerischer Entscheidungen, die Planungsrechnung dagegen stellt in diesem Fall lediglich einen groben Planungsrahmen (Handlungsspielraum) dar. Innerhalb des qualitativen Teils der Planung sollten sparten- bzw. ressortpolitische Grundsätze getrennt aufgeführt werden, da diese im Gegensatz zu den operativen Zielen mehrere Planungsperioden unverändert bleiben.

Die Grundtabelle für die Planungsrechnung sollte neben Spalten für die 5 Planjahre auch Vergangenheitsdaten erfassen, um eine schnelle Gegenüberstellung von Vergangenheitstrends und Planwerten zu ermöglichen. Außerdem empfiehlt es sich, die zum Zeitpunkt der 5-Jahres-Planung bekannten Abweichungen des laufenden Jahres-Planes gesondert auszuweisen.

## 3. Planungsmethodik in den einzelnen Planungsfeldern

Im folgenden wird bewußt darauf verzichtet, unter der Überschrift „Planungsmethodik" auf bestimmte Planungstechniken (z. B. Delphi-Methode, Netzplantechnik, Kosten-Nutzen-Analyse usw.) einzugehen. Derartige Ausführungen sollten zwar Bestandteil jedes unternehmensinternen Planungshandbuches sein, werden jedoch in der Praxis von den Planungs-Verantwortlichen allzu häufig als „Theorie" abgetan. Als Konsequenz aus diesem Sachverhalt wird vorgeschlagen, den Linienverantwortlichen für ihre Planungstätigkeit möglichst umfassende Checklisten an die Hand zu geben, die pragmatische Hinweise für Planungsmethodik und möglichen Planungsinhalt einzelner Planungsfelder liefern. Im folgenden wird als exemplarischer Fall die Grobgliederung einer derartigen Checkliste für das Planungsfeld Vertrieb dargestellt.

**Planungsdetails im Planungsfeld Vertrieb**

Im Planungsfeld Vertrieb bedürfen die Voraussetzungen und Bedingungen besonders intensiver Beschreibungen. Hier sind im Vorfeld der Festlegung von Zielen und Maßnahmen eine Fülle detaillierter Analysen zu erstellen:

- Marktdaten allgemein:
  - kurze Marktdefinition (Produktgruppen),
  - Branchenentwicklungen,
  - Marktvolumen in regionaler Struktur, Vergangenheit ca. 5 Jahre und Prognose für 5 bis 10 Jahre,
  - augenblickliche Marktanteile,
  - Entwicklung der Marktsegmente, Vergangenheit und Prognose,
  - Marktlücken für neue Produkte (im Zusammenhang mit unternehmensinternen Forschungsergebnissen);

- Produktanalyse:
  - Stärken, Schwächen,
  - Chancen, Risiken (im Hinblick auf zusätzliches Marktpotential);

- Abnehmerstruktur:
  - Abnahmewerte der Abnehmergruppen, Großabnehmer,
  - potentielle Kundengruppen,
  - Kundenerwartungen;

- Konkurrenzanalyse:
  - Marktanteile der Konkurrenten je Marktsegment,
  - Firmen- und Sortimentsanalyse mit Entwicklungstendenzen,
  - Stärken und Schwächen der Konkurrenz in der Vertriebspolitik und erwartete Änderungen;

- Gesellschaftliche Bedingungen:
  - neue Gesetze, Verordnungen (Kartellamt),
  - Patentschutz,
  - öffentliche Meinung zu Preisen und Qualität,
  - Produzentenhaftung.

Auf Basis dieser durch Analysen bzw. entsprechende Beurteilungen gewonnenen Planvoraussetzungen und -bedingungen empfiehlt sich eine Gliederung der Ziele und Maßnahmen im Planungsfeld Vertrieb in folgende Teile:

- Grundsatzziele der Absatzpolitik, Regionalpolitik, Marktanteile, Absatzmengen, Umsatz, neue Produkte,
- Preispolitik,
- Sortiments- und Qualitätspolitik,
- Fachberatung und Information,
- Werbung,
- Vertriebsorganisation und Absatzwege,
- Lizenzpolitik.

Diese Grobgliederung könnte im Sinne der bereits genannten Checkliste zur Planungsunterstützung durch eine Vorformulierung wesentlicher denkbarer Zielsetzungen und Maßnahmen ergänzt werden.

## VI. Die Umsetzung von Plänen in unternehmerische Entscheidungen

Voraussetzung für eine Entscheidung über die von den Linienverantwortlichen eingereichten Pläne durch die Unternehmensleitung ist eine detaillierte Planungsanalyse. Hierbei spielt eine Analyse der Plandaten und daraus abgeleiteter Kennzahlen nur eine untergeordnete Rolle. Der Schwerpunkt der Analysetätigkeit muß vielmehr auf den formulierten Zielsetzungen und Maßnahmen liegen, aus denen die Plandaten abgeleitet wurden.

Die Planungsanalyse befaßt sich also im wesentlichen mit:

- Plausibilitätsprüfungen (im Hinblick auf realistische Zielsetzungen und der zur Erreichung geplanten Maßnahmen),
- Alternativplanungen (Veränderung von Planungsprämissen, insbesondere der Orientierungsdaten),
- Bewertung der in der Planung enthaltenen Chancen und Risiken.

Diese Analysephase kann sich — insbesondere in der mittel- und langfristigen Planung — über einen längeren Zeitraum hinziehen. Eine Verabschiedung der operativen Planung beinhaltet deshalb z. B. in der Regel drei unterschiedliche Verbindlichkeitsgrade:

(a) Für die unmittelbar anschließende 1-Jahres-Planung wird ein klar umrissener Rahmen verabschiedet (z. B. Planstellenrahmen, Gesamtkosten).

(b) Die Planung für die übrigen vier Jahre wird als „Leitlinie" — in der Regel mit Auflagen des Vorstandes — verabschiedet. Sie dient somit als mittelfristige Orientierungshilfe.

(c) Zielsetzungen und Maßnahmen mit langfristiger Auswirkung, insbesondere strategische Konzepte, können nur im geringen Umfang nach erstmaliger Präsentation, Analyse und Diskussion verabschiedet werden. Hier bedingt die Vielfalt von Entscheidungskriterien und möglichen Konsequenzen in der Regel eine mehrfache Diskussion.

Abschließend bleibt die Frage zu beantworten, ob die im Rahmen des formalisierten Planungsprozesses getroffenen unternehmerischen Entscheidungen mit geringerem Risiko verbunden sind als Entscheidungen, die nicht durch eine formalisierte Planung vorbereitet sind. Diese Frage ist nur dahingehend zu beantworten, daß auch eine sehr detaillierte Planung nie gleichzusetzen ist mit einer sicheren, konkret beschriebenen Zukunft. Die vielfältige Vernetzung der Teilpläne und der darin enthaltenen Planungsprämissen haben vielmehr zur Folge, daß Planwerte nie „genau" sein können.

Planung kann jedoch durch das Aufzeigen wahrscheinlicher Trends, der Auswirkungen geplanter Konzeptionen (unter Berücksichtigung von Alternativen) und der damit verbundenen Chancen und Risiken einen wesentlichen Beitrag zur Vorbereitung unternehmerischer Entscheidungen leisten. Vorstand und Spartenleitung müssen diese Entscheidungen letztlich immer auf der Basis einer subjektiven Beurteilung fällen. Der Nutzen der Planung soll und kann darin bestehen, das Risiko dieser Entscheidungen zu verringern und dadurch einen wesentlichen Beitrag zur Sicherung der Zukunft eines Unternehmens zu leisten.

**Fragen:**

1. Wodurch unterscheiden sich strategische (a), operative (b) und dispositive (c) Planung?
2. Wodurch unterscheiden sich Projektion und Planung?
3. Welche Gesichtspunkte sind bei der Festlegung des Ablaufes (Terminierung) von operativer und dispositiver Planung zu beachten?
4. In welcher Organisationsform kann die Unternehmensplanung strukturiert werden?
5. Wie sind die operativen Pläne vom Grundsatz her zu gestalten?

# Literaturverzeichnis

D. Hahn: Planungs- und Kontrollrechnung, Wiesbaden 1974.
AGPLAN — Handbuch zur Unternehmensplanung, Berlin 1976.
A. Gälweiler: Unternehmensplanung, Frankfurt - New York 1974.
ZVEI: Leitfaden für die Unternehmensplanung, Frankfurt 1974.
D. Wild: Grundlagen der Unternehmensplanung, Reinbek bei Hamburg 1974.
F. Kramer: Erfolgreiche Unternehmensplanung, Berlin, Köln, Frankfurt/M. 1974.
E. Grochla: Betriebliche Planung und Informationssysteme, Reinbek bei Hamburg 1975.
H. Hinterhuber: Strategische Unternehmensführung, Berlin - New York 1977.

**Antworten zu den Fragen**

1. ① In zeitlicher Hinsicht: (a) lang-, (b) mittel-, (c) kurzfristig.
   ② Vom Inhalt her: (a) problemorientiert bzw. projektorientiert; (b) periodenorientierte Ziel- und Maßnahmenplanung; (c) periodenorientierte, situationsnahe Ablaufplanung.
   ③ Durch den Detaillierungsgrad: (a) umfassend, wenig differenziert und vorwiegend verbal; (b) verbale Beschreibung mit Zahlenmaterial; (c) sehr differenziertes, umfassendes Zahlenmaterial neben verbalen Aussagen.

2. Die Projektion spiegelt „mutmaßliche" Entwicklungen wider, die Planung gewollte.

3. Vorteilhaft ist eine klare ablauforganisatorische Trennung, z. B. 5-Jahresplanung in der ersten und 1-Jahres-Planung in der zweiten Jahreshälfte. Gründe: Leitlinienfunktion der operativen für die dispositive Planung; unterschiedliche Zielsetzung (Budgetcharakter der 1-Jahres-Planung, Aufzeigen von Trends, Chancen und Risiken in der 5-Jahres-Planung).

4. Zentral, dezentral, semizentral.

5. In die Abschnitte: Ziele, Voraussetzungen und Bedingungen, Maßnahmen, Tabellen.

# Unternehmensführung im Industriebetrieb

Von
Dr. Rainer Hecker

**Inhaltsverzeichnis**

Seite

## Der Autor

Dr. Rainer H e c k e r,

1944 in Straßburg geboren, studierte an der Universität Karlsruhe (TH) und schloß sein Studium mit dem Diplom-Wirtschaftsingenieur ab. Danach war Herr Hecker Assistent am Institut für Angewandte Betriebswirtschaftslehre und promovierte zum Dr. rer. pol. Von 1975 an ist er Mitarbeiter der Allgemeinen Deutschen Philips Industrie GmbH, Hamburg, und seit 1977 Leiter der Hauptabteilung Administration der Philips GmbH, Apparatefabrik, Krefeld.

# E. Controlling

**Lernziele:**

Nach dem Studium dieses Beitrags sollten Sie
- erkannt haben, daß „Controlling" nicht mit dem deutschen Begriff „Kontrolle" identisch ist, sondern die Bedeutung von „Steuern, Regeln" hat;
- wissen, daß das Controlling eine umfassende und allgemeingültige Konzeption darstellt, anwendbar in allen betrieblichen Abteilungen und sonstigen sozialen Systemen, die zielorientiert und arbeitsteilig organisiert sind;
- Kenntnis von den Aufgaben des Controllers sowie den organisatorischen Voraussetzungen zur Erfüllung der Controlling-Aufgaben erlangt haben.

**Vorbemerkung**

Dieser Beitrag gibt eine Darstellung eines umfassenden Controlling-Konzeptes. Um einen ausreichenden Einblick in die Arbeit einer solchen Abteilung zu geben, werden z. T. einzelne Aspekte angesprochen, die über eine Grundlegung hinausgehen.

Dieser Beitrag nimmt bezug auf die Ausführungen von Oehme, Methoden der Unternehmensführung, S. 75—82.

## I. Was ist „Controlling"?

### 1. Der Begriff „Controlling" und „Controller"

Die Bezeichnung „Controlling" als eine Aktivität und „Controller" als Träger dieser Aktivität und Aufgabe ist mit dem deutschen Ausdruck „Kontrolle" nicht gleichzusetzen. Im angelsächsischen Sprachgebrauch hat **„Controlling"** die Bedeutung von **„Steuern, Regeln"**.

Die Controllerfunktion stellt demnach einen Lotsen- oder Navigationsdienst dar in Richtung auf Gewinn bzw. Wirtschaftlichkeit.

***Der Controller ist ein wirtschaftlicher Ratgeber des Managements, das wirtschaftliche Gewissen des Unternehmens.***

Seine Aufgabe besteht
- in der fachlichen Interpretation der Zahlen und betriebswirtschaftlichen Zusammenhänge sowie
- in Überzeugung und Motivation für die in den Zahlen liegenden Konsequenzen.

Der Controller ist ein Ziel- und Planverkäufer. Auf diese Weise leistet er gleichzeitig einen wesentlichen Beitrag zur Realisierung einer Führung durch Ziele (MbO).

Im deutschsprachigen Bereich finden wir als häufigste Abteilungsbezeichnung:
— Betriebswirtschaftliche Abteilung,
— Planung und Ergebnisrechnung,
— Planung und Information,
— Administration.

Im folgenden wird die Abteilungsbezeichnung A d m i n i s t r a t i o n zugrunde gelegt.

## 2. Das Controllingkonzept

Controlling ist nicht eine Aufgabe und Aktivität, die nur in Krisenzeiten wahrzunehmen ist oder eine momentane Zeiterscheinung, die bald wieder aus der Mode gerät. Controlling ist vielmehr eine zentrale und allgemeingültige Aufgabe in der Unternehmung, die vor allem aus folgenden Tatbeständen erwächst:

### a) Zielorientiertheit des Unternehmens

Unternehmen sind künstliche, offene, äußerst komplexe Sozialsysteme, die nach der Erreichung von Zielen streben. Controlling verlangt von der Unternehmensleitung eine klare, verbindliche, erreichbare Zielsetzung durch eindeutige Formulierung. Der Controller wirkt beratend an der Erstellung der Unternehmensziele mit. Dazu müssen Ziel- und Mittelentscheidungen getroffen werden.

Die E n t s c h e i d u n g s p r o z e s s e laufen in der Regel nach folgenden P h a s e n ab:
— Planung als gedankliche Vorwegnahme zukünftiger Ziele und zielorientierte Aktivitäten,
— Realisierung als bindende Entscheidung und Aktionen zur Zielerreichung,
— Kontrolle als Soll/Ist-Vergleich zwischen realisierten Ergebnissen und gesetzten Zielen.

Der Entscheidungsprozeß stellt in allen Phasen einen Datenverarbeitungsprozeß dar. Die Controllingaufgabe besteht darin, diesen Datenverarbeitungsprozeß, vor allem die Phasen der Planung und Kontrolle, zu
— initiieren,
— strukturieren (Detaillierung, Verdichtung),
— terminieren (Zeitpunkt, Häufigkeit),
— koordinieren (Vergleichbarkeit).

### b) Arbeitsteilung des Aufgabenvollzuges

Die Aufgabenerledigung erfolgt in den Unternehmen arbeitsteilig. Die Arbeitsteilung beginnt auf der obersten Leitungsebene, die eine Gliederung nach Funktionen und/oder Objekten zeigt. Bei dem häufig praktizierten Kollegialprinzip ist jedes Mitglied der Leitungsebene für die Planung, Durchführung und Kontrolle aller das Ressort betreffenden Maßnahmen verantwortlich. Darüber hinaus ist eine mit einer Autorität ausgestattete Instanz erforderlich, die die Planung, Realisierung und Kontrolle aller Aktivitäten aus der Gesamtschau der Unternehmensaufgabe wahrnimmt, zumindest überwacht, gegebenenfalls koordiniert und korrigiert.

Die Controlling-Aufgabe besteht dabei
- in der Entwicklung des Rahmens des Datenverarbeitungsprozesses und des Berichtswesens, in den die verschiedenen Ressortdaten zwingend einmünden,
- in der laufenden Koordinierung ressortbezogener Daten auf das gemeinsame, übergeordnete Unternehmensziel. Der Controller soll damit sicherstellen, daß die Zielvorstellungen der Unternehmung realisiert werden.

Das Controllingkonzept findet auf Grund der genannten Tatbestände nicht nur Anwendung in betriebswirtschaftlichen Abteilungen des Unternehmens, sondern in allen übrigen Ressorts. Auch bei allen sonstigen Sozialsystemen, die zielorientiert und arbeitsteilig organisiert sind, z. B. Vereine, Theater, Universitäten, hat das Controllingkonzept seine Gültigkeit.

## II. Aufgabe des Controlling

### 1. Hauptfunktion

Im Rahmen des dargestellten Controllingkonzeptes ist

die **Informationsfunktion**

die zentrale Funktion der Administration. Die Informationsfunktion beinhaltet das gesamte Berichtswesen für alle Einrichtungen, Mittel und Maßnahmen zur Erfassung, Aufbereitung und Weiterleitung von Informationen über das Unternehmen und seine Umwelteinflüsse. Das bedeutet einerseits, daß die Administration zweckgerichtete betriebswirtschaftliche Informationen liefert
- für die Entscheidungsträger und Leistungsstellen des Unternehmens,
- für externe Stellen (Konzernleitung, Öffentlichkeit).

Andererseits beinhaltet diese Funktion die Beratung und das Training des Management auf allen Leitungsebenen hinsichtlich
- der Artikulierung von Informationsbedürfnissen,
- der Suche nach Informationsmöglichkeiten,
- des Umgangs mit den gelieferten Informationen.

Der Controller muß die Wirtschaftlichkeit der Erfassung, Verarbeitung und Berichterstattung der Informationen sicherstellen. Da jedoch der Wert der Informationen kaum zu quantifizieren ist, muß sich der Controller in der Regel bei der Beurteilung der Wirtschaftlichkeit von Informationssystemen mit Ersatzkriterien begnügen, z. B. Kostenvergleich der Alternativen, Quantität der Information, Detaillierung, Genauigkeit, Schnelligkeit.

Aus der Informationsfunktion als Hauptfunktion der Administration werden die Teilfunktionen der

a) Planung,
b) Überwachung und Steuerung

abgeleitet.

**a) Planungsfunktion**

Der Planungskomplex muß der Ausgangspunkt jeglicher Controller-Aktivität sein. Nicht das Streben nach Überwachung, sondern der Wunsch nach Planung und Zielsetzung muß am Anfang stehen.

Ergänzend zur ressortbezogenen Planung gilt es, knappe Mittel auf die Teilbereiche optimal aufzuteilen und divergierende Ressortinteressen auf das Gesamtziel hin zu koordinieren. Demnach erstreckt sich die Planung nicht nur auf die Erfolgsplanung, sondern koordiniert die Daten der Teilpläne in den Dimensionen von Mengen und Werten auf das Gesamtziel.

Der Controller nimmt die Planungsfunktion im engen Kontakt und zusammen mit den Fachabteilungen und deren Linieninstanzen wahr. Nur in Verbindung mit diesen und unter deren Mitwirkung kann die Planungsfunktion erfüllt werden. Die Planung ist nicht an den Controller delegiert, sondern er liefert folgende Unterstützung und Entlastung:

- **Positive Motivation hinsichtlich aller Planungsaktivitäten**

Alle Fachabteilungen sind von der Notwendigkeit der Planung und Zielsetzung für erfolgreiches Handeln zu überzeugen. Dazu müssen die Ziele operational (konkret, meßbar), erreichbar und anspornend sein. Zugleich soll mit der positiven Beeinflussung der planerischen Mentalität die Ausrichtung und Verpflichtung aller Abteilungen auf die Ziele des Unternehmens erfolgen.

- **Aufstellung des Planungsrahmens**

Der Planungsrahmen soll die notwendigen Voraussetzungen schaffen, um die relevanten innerbetrieblichen und betriebsexternen Plandaten

— systematisch,
— rationell,
— zeitlich fixiert,
— zwangsläufig

zu sammeln, zu speichern, zu verdichten und zukunftsorientiert als Vorgabe aufzubereiten. Der Detaillierungsgrad muß den angestrebten Abweichungsanalysen entsprechen. Weiterhin stellen einheitliche Definitionen der verwendeten Begriffe in allen Stufen der Unternehmenshierarchie eine unabdingbare Voraussetzung für die Aussagefähigkeit der Planung als Steuerungs- und Überwachungsinstrument dar.

- **Laufende zeitliche und sachliche Koordination der Planung und Verdichtung zum Gesamtplan**

Die Schaffung des Planungsrahmens gewährleistet noch nicht die Erfüllung der daraus folgenden Planungsaktivitäten. Der Controller muß deshalb den Planungsprozeß von der Datenerhebung bis zur Zusammenstellung des Gesamtplans einschließlich der Analyse der Ergebnisse in Gang setzen und laufend sachlich und zeitlich koordinieren. Er ist damit nicht nur Konstrukteur des Planungsrahmens, sondern auch Initiator des laufenden Planungsprozesses.

Diese Plandaten und erstellten Vorschaurechnungen bilden die Grundlage für aktionsorientierte und dispositive Tätigkeiten der Entscheidungsträger und Leistungsstellen. Die Administration dient damit der Entscheidungsvorbereitung, d. h. es sind in Zusammenarbeit mit den betrieblichen Stellen

— Lösungsalternativen zu erarbeiten und aufzuzeigen,
— umfassend Auswirkungen beabsichtigter Aktivitäten zu ermitteln und darzustellen,
— über die betriebsexternen wirtschaftlichen Entwicklungen zu berichten und externe Einflüsse in die entscheidungsorientierten Planungsrechnungen einzubeziehen.

**b) Überwachungs- und Steuerungsfunktion**

Will die Administration der angesprochenen Informationsfunktion für das Management in vollem Umfang gerecht werden, dann kann sie nicht nur passiver Zahlenlieferant sein, sondern muß ständig aktiven Datenservice betreiben, d. h.

— pointiert auf Ziel- und Ergebnisabweichungen hinweisen,
— sich anbahnende Fehlerentwicklungen frühzeitig aufzeigen,
— laufend und nachdrücklich den Standpunkt der Wirtschaftlichkeit bzw. der Rentabilität vertreten und darauf hinwirken,

und zwar unter Beibehaltung der Objektivität.

Die **Überwachungsfunktion** umfaßt die folgenden Bereiche:

● **Planungskontrolle,**
d. h. Kontrolle der Teilpläne auf Übereinstimmung mit dem Gesamtziel bezüglich Realisierbarkeit und formaler Richtigkeit.

● **Ergebniskontrolle,**
d. h. Ermittlung von Abweichungen und Toleranzüberschreitungen der Ziele und Plandaten in den einzelnen Fachbereichen.

● **Ursachenanalyse der Abweichungen**
mit dem Ziel
— interpretierend Hilfestellung zur Überwindung negativer Ergebnisse und
— Beratung zur Vermeidung künftiger Abweichungen
zu geben.

● **Beurteilung der Auswirkungen von Abweichungen**
zur Beantwortung der Fragen:
— Muß eine Änderung der Ziele erfolgen?
— Welche Steuerungsmaßnahmen sind zu ergreifen?

Ausgehend von den Ergebnissen der Abweichungsanalyse kann die **Steuerfunktion** im einzelnen beinhalten:

— Aufzeigen der Zuständigkeit für den Einsatz von Steuerungsinstrumenten,
— Auswahl bzw. Mittelentscheidung des Steuerungsverfahrens,

— Kontrolle des Einsatzes der vorgeschlagenen Instrumente und deren Auswirkung,
— Eingriffsmöglichkeiten bei ungenügender Wirkung der Instrumente.

Die Administration trägt die Verantwortung für die Vermögenssicherung und die Substanzerhaltung des Unternehmens.

Der Controller bedient sich zur Erfüllung seiner Überwachungs- und Steuerungsfunktion eines **Internal-Control-Systems.** Dieses System umfaßt den Organisationsplan und alle aufeinander abgestimmten Methoden und Maßnahmen, um
— die Effizienz der Abläufe zu fördern,
— die Richtigkeit und Zuverlässigkeit der Abrechnungsdaten zu gewährleisten,
— die Erreichung der Unternehmensziele zu unterstützen,
— das Vermögen und die Ertragskraft zu sichern.

Es ist die Aufgabe des Controllers, das System der unternehmensinternen Kontrolleinrichtung zu entwickeln, prozeßgebunden in alle Arbeitsabläufe einzugliedern und an Änderungen anzupassen.

## 2. Aufgabenkatalog, dargestellt am Beispiel eines Industriebetriebes

Das betrachtete Unternehmen ist ein Fabrikationsbetrieb (ohne Vertriebsfunktion) eines internationalen Konzerns. Der Aufgabenkatalog der Administration ist aus den geschilderten Funktionen abgeleitet:

a) Sie erstellt federführend nach den inhaltlichen und terminlichen Forderungen der Konzernleitung den Vierjahresplan auf der Grundlage
   — der langfristigen Produktionsplanung,
   — der betrieblichen Zielsetzung.

b) Sie erstellt federführend nach den inhaltlichen und terminlichen Forderungen der Konzernleitung sowie auf der Basis der vom Konzern erlassenen verbindlichen Vorschriften

   — das Tarifbudget als
      — Basis für die innerbetriebliche Leistungsverrechnung,
      — Basis für die Erstellung der jährlich neu zu bestimmenden Fabrikverrechnungspreise;

   — das Haushaltsbudget als
      — Basis für die jährlichen Aktivitäten der Fabrik,
      — Maßstab für die Leistungsbeurteilung der Fabrik.

   Hierbei handelt es sich um inhaltlich und wertmäßig abgestimmte Teilpläne wie
   — Personalplan,
   — Kostenplan,
   — Investitionsplan,
   — Beschaffungsplan usw.

c) Sie koordiniert die Zusammenstellung und Verabschiedung von Projektbudgets für
— Mechanisierungsprojekte,
— Rationalisierungsmaßnahmen (einschließlich EDV-Projekte),
— Entwicklungsprojekte (Initialkosten),
— Umstellungs-/Umgruppierungsprojekte,
— Erweiterungsinvestitionen usw.

und sorgt im Rahmen der Berichterstattung für eine entsprechende finanzielle Projektkontrolle.

d) Sie führt mit Hilfe der für Konzernbetriebe verbindlich vorgeschriebenen Richtlinien
— Budgetierung und Selbstkostenrechnung,
— Kontenrahmen und Kontenplan,
— Budget- und Ergebnislisten,
— Administrative Mitteilungen

das Rechnungswesen.

e) Sie ist im Rahmen ihrer Gesamtverantwortung für Budget und wirtschaftliche Entwicklung der Fabrik verantwortlich für die Fabrikverrechnungspreise
— Festlegung des kalkulatorischen Aufbaus,
— Ermittlung der finanziellen Daten (auf normativer Basis ermittelte Stundentarife, Zuschläge, Quoten sowie Mitwirkung bei der Bildung von Standardpreisen),
— Abstimmung der entsprechenden Daten hinsichtlich Plausibilität zu Budget- und Vergangenheitsdaten,
— Analyse der Veränderungen der Fabrikverrechnungspreise gegenüber Vergangenheitspreisen,
— permanente Beobachtung der aktuellen Veränderungen der Kostenkomponenten und Ableitung der entsprechenden Trend-, Prognose- und Verrechnungspreisindizes sowie ihre Weitergabe an die entsprechenden Konzernstellen,
— Veröffentlichung von Fabrikverrechnungspreisen und orientierenden Fabrikpreisen gegenüber anderen Konzernstellen.

f) Sie ermittelt im Rahmen der periodischen Ergebnisrechnung und Berichterstattung Soll/Ist-Abweichungen, die sie
— in der vorgeschriebenen Form an die Konzernleitung (bzw. andere Konzernstellen),
— in auswertungsgerechter Darstellung (Tabellen, Graphiken) den innerbetrieblichen Kostenstellen

zur Verfügung stellt.

Diese Unterlagen bilden die Basis für
— Ergebnisbesprechungen,
— Ursachenanalyse,
— daraus abzuleitende zukunftsbezogene Korrekturmaßnahmen,
— betriebswirtschaftliche Beratung der Fertigungs- und Hilfsbereiche.

g) Sie wirkt mit bei Entscheidungsvorbereitungen, wenn finanzielle Auswirkungen zu erwarten sind, z. B. bei Investierungen, Entwicklungs-/Mechanisierungsprojekten. Hierbei ist sie verantwortlich für die Koordination der Entscheidungsrechnung entsprechend der Richtlinie „Entscheidungsorientierte Planungsrechnung“ sowie für die wirtschaftliche und finanzielle Beurteilung der Eingabedaten.

h) Sie ist verantwortlich für die Einhaltung aller handels- und steuerrechtlichen sowie finanzwirtschaftlichen Vorschriften.

## III. Organisatorische Voraussetzungen zur Erfüllung der Controlling-Aufgabe im Industriebetrieb

Zur effizienten Wahrnehmung der Controllerfunktion sind folgende Voraussetzungen zu schaffen:

① Zentralisierung der genannten Funktionen in der Administration.
② Unterscheidung zwischen den informativen Aufgaben des Controllers und operativen Aufgaben der Fachabteilung.
③ Ausgestaltung des bestehenden Rechnungswesens zu einem integrierten betrieblichen Informationssystem.
④ Der Controller als Mitglied der obersten Unternehmensleitung.
⑤ Bereichscontroller bei produktorientierten Unternehmensorganisationen.

### 1. Zentralisierung der genannten Funktionen in der Administration

Durch eine zentralisierte Verarbeitung von betriebswirtschaftlichen Planungs- und Kontrolldaten durch die Administration werden
- die operativen betrieblichen Stellen von bestimmten Aufgaben der Informationsverarbeitung und Berichterstattung entlastet,
- einheitliche Erfassungs- und Auswertungsmethoden für betriebswirtschaftliche Aussagen sichergestellt,
- Doppelarbeiten wie doppelte Erfassungen, Einsteuerungen, Auswertungen vermieden und Rationalisierungsvorteile erzielt.

Bei fehlender Koordination einer dezentralen Erstellung von Planungs- und Kontrolldaten in verschiedenen Abteilungen, die jeweils mit eigenen Definitionen, Maßstäben und Ressortspezialisten an vergleichbaren Aufgaben arbeiten, bestehen folgende Gefahren:
- Verständigungsschwierigkeiten: Es wird mehr Zeit auf die Abstimmung zwischen den unterschiedlichen Informationen verwendet als auf die Lösung des Problems.
- Suboptimierung: Ressortziele gewinnen Vorrang durch fehlende Koordinierung mit dem übergeordneten (finanziellen) Unternehmensziel.
- Ungenügender Einsatz der betriebswirtschaftlichen Entscheidungs- und Kontrollinstrumente (z. B. Investitionsrechnungsverfahren, Nutzwertanalyse, Deckungsbeitragsrechnung).

## 2. Unterscheidung zwischen den informativen Aufgaben des Controllers und operativen Aufgaben der Fachabteilung

Eine Trennung zwischen den operativen Funktionen der Fachabteilungen und den informativen Funktionen der Administration ergibt sich aus den unterschiedlichen Aufgabenstellungen. Der Controller muß mitwirken bei
— der Entscheidungsvorbereitung,
— der Formulierung und Formalisierung der Zielsetzungen und Planungen,
— der Ausrichtung aller ausführenden Stellen auf die wirtschaftlichen Unternehmensziele,
— der Ursachenanalyse bei Planabweichungen,
— Vorschlägen für Maßnahmen zur Ergebnisverbesserung.
Er muß in allen Unternehmensbereichen Anerkennung gewinnen als Berater und Verkäufer von Argumenten in Sachen Wirtschaftlichkeit.

## 3. Ausgestaltung des bestehenden Rechnungswesens zu einem integrierten betriebswirtschaftlichen Informationssystem

Als Leiter des betriebswirtschaftlichen Informationswesens muß der Controller bezüglich Zielorientierung und Wirtschaftlichkeit der Aufgabenerfüllung Maßstäbe setzen. Um den Anforderungen der unterschiedlichen Ressorts und Managementebenen an betriebswirtschaftlichen Informationen gerecht zu werden, müssen diese Daten
— aussagefähige Steuerungs- und Kontrollinformationen,
— empfängerorientiert aufbereitet und
— zeitlich aktuell
sein
sowie die Bereiche
— Budgetierung,
— Ergebnisrechnung,
— spezifische Planungs- und Entscheidungsrechnung
umfassen.

Eine wesentliche Verbesserung der Datenerfassung/Datenverarbeitung und Berichterstattung in der Administration läßt sich durch konsequente Nutzung neuester Computer-Systeme, d. h. Datenbanken mit komfortabler Dialogmöglichkeit, erzielen. Die zukünftige administrative Berichterstattung ist so zu konzipieren, daß
— Daten aus beliebigen Bereichen des integrierten betriebswirtschaftlichen Informationssystems zu Berichten verarbeitet werden können, ohne daß manuelle Übertragungsarbeiten erforderlich werden,
— Berichte auch während der laufenden Abrechnungsperiode erstellt werden können,
— Berichte empfängerorientiert aufbereitet werden, indem von der Fachabteilung gesteuert wird, daß z. B.
  — ein Wert nur ausgewiesen werden soll, wenn ein (in DM oder als Prozentgröße) vorgegebener Grenzwert überschritten wird,
  — Informationen schrittweise zu verdichten sind,

— Berichte als Liste oder über den Bildschirm (mit der Möglichkeit einer Bildschirmkopie) abgerufen werden können,
— Erscheinungstermine der Routineberichte von der Fachabteilung gesteuert werden können,
— die Möglichkeit besteht, auch kurzfristig zu beantwortende neue Fragestellungen, für die noch kein EDV-Programm existiert, mit dem Computer zu lösen. Der Anwender formuliert dabei am Bildschirm seine Fragestellung in einer einfachen Abfragesprache und läßt sich das Ergebnis als Liste oder am Bildschirm ausgeben.

## 4. Der Controller als Mitglied der obersten Unternehmensleitung

Diese Einordnung ist die Konsequenz des vorgestellten Controlling-Konzeptes. Diese Stellung sichert ihm die benötigte Unabhängigkeit und hebt die Bedeutung seiner Aufgaben entsprechend hervor.

Neben den erforderlichen Fachkenntnissen muß der Controller spezielle Persönlichkeitsmerkmale erfüllen, wie Führungsqualität, Verhandlungsgeschick, Fähigkeit zu analytischem und systematischem Denken, persönliche Integrität. Seine Fähigkeit, trotz schwieriger Konfliktsituationen für seine Funktionen und sich selbst immer die notwendige Unterstützung zu sichern, ist für ihn persönlich und die Stelle existenznotwendig. Entsprechend der Aufgabenkomplexe ist im Industriebetrieb folgende Gliederung der Controlling-Abteilung anzutreffen:
— Rechnungswesen (Finanzbuchhaltung und Betriebsabrechnung),
— Planung und Budgetierung,
— Berichtswesen und Statistik,
— Methoden und Verfahren,
— Datenverarbeitung,
— Steuerangelegenheiten, Versicherungen.

## 5. Bereichscontroller bei produktorientierten Unternehmensorganisationen

Eine Besonderheit der Gliederung der Controlling-Abteilung ist anzutreffen bei produktorientierten Unternehmensorganisationen. In diesen Fällen sind beim zentralen Controller, der Mitglied der Unternehmensleitung ist, sogenannte Produktbereichscontroller institutionalisiert. Eine mögliche organisatorische Eingliederung soll in dem folgenden Beispiel eines Industriebetriebes aufgezeigt werden.

Die Bereichscontroller sind dem Leiter der Abteilung betriebswirtschaftliche Analyse/Budgetierung und Berichterstattung direkt unterstellt, der in Zusammenarbeit mit der Administrations- (und Geschäfts-)Leitung für die Anwendung einheitlicher und zielsetzender Maßstäbe sorgt.

Der Bereichscontroller ist Mitglied des Produktbereich-Teams unter dem Vorsitz des Produktbereichsleiters.

Seine A u f g a b e n umfassen im einzelnen

— Teilnahme an den periodischen und außerordentlichen Sitzungen des Produktbereichs-Teams,
— Koordination aller für Vierjahresplanung, Tariferstellung, Budgets, Entscheidungsrechnungen und Preisbildung relevanten wirtschaftlichen Informationen des jeweiligen Produktbereichs,
— interne Koordination aller vom Produktbereich an die Administration gerichteten Fragestellungen und Untersuchungswünsche,
— Interpretation von
  — periodischen Ergebnissen,
  — Erwartungsrechnungen,
  — Sonderuntersuchungen

  sowie laufende Anpassung und Verbesserung der für den Produktbereich relevanten Steuerungsinformationen.

In diesem Zusammenhang hat der Bereichscontroller wesentlichen Anteil an der Weiterentwicklung des administrativen Informationssystems.
Daneben ist auch die Einordnung anzutreffen, daß der Bereichscontroller disziplinarisch den einzelnen Produktbereichsleitern unterstellt ist; der Zentralcontroller dagegen besitzt gegenüber seinen Bereichscontrollern funktional begrenzte Anordnungsbefugnisse.

**Fragen:**

1. Was bedeutet der Begriff „Controlling"?
2. Worin besteht der Grundgedanke des Controlling?
3. Was sind die Hauptfunktionen des Controlling?
4. Welche Vorteile bietet die bei der Administration zentralisierte Verarbeitung von betriebswirtschaftlichen Planungs- und Kontrolldaten?
5. Welche Anforderungen sind an ein aussagefähiges betriebswirtschaftliches Informationssystem zu stellen?
6. Welche Möglichkeiten der organisatorischen Eingliederung bieten sich für den Controller an?

# Literaturverzeichnis

Deyhle, A.: Controller-Praxis, 2 Bde., 2. Aufl., München 1973.
Haberland, G. (Hrsg.): Handbuch des Controlling und Finanzmanagement, München 1975.
Horvarth, P./Kargl, H./Müller-Merbach, H. (Hrsg.): Controlling und automatisierte Datenverarbeitung, Wiesbaden 1976.
Mann, R.: Die Praxis des Controlling, München o. J.
Schwarze, H.: Controlling — Ein Konzept neuzeitlicher Unternehmensführung, München 1972.

**Antworten zu den Fragen**

1. Controlling hat die Bedeutung von „Steuern, Regeln“ und stellt eine Lotsenfunktion dar.

2. Das Controllingkonzept basiert auf der Erkenntnis, daß Ziele und zielorientierte Aktivitäten vorgegeben werden müssen. Sie sind Voraussetzung für einen Soll/Ist-Vergleich, dessen Analyse die Grundlage für Steuerungsmaßnahmen zur Zielerreichung darstellen.

3. Informationsfunktion:
   Zweckorientierte betriebswirtschaftliche Information für interne Entscheidungsträger und externe Stellen, davon abgeleitet sind
   — Planungsfunktion; z. B. Aufstellung des Planungsrahmens, Koordination der Planung und Verdichtung zum Gesamtplan;
   — Überwachungsfunktion; z. B. Planungs- und Ergebniskontrolle, Ursachenanalyse der Abweichungen;
   — Steuerungsfunktion; z. B. Auswahl der Steuerungsinstrumente, Eingriffsmöglichkeiten bei ungenügender Wirkung der Instrumente.

4. Durch eine zentralisierte Verarbeitung von betriebswirtschaftlichen Planungs- und Kontrolldaten durch die Administration werden
   — die operativen betrieblichen Stellen von bestimmten Aufgaben der Informationsverarbeitung und Berichterstattung entlastet,
   — einheitliche Erfassungs- und Auswertungsmethoden für betriebswirtschaftliche Aussagen sichergestellt,
   — Doppelarbeiten wie doppelte Erfassungen, Einsteuerungen, Auswertungen vermieden und Rationalisierungsvorteile erzielt.

5. Die Daten eines aussagefähigen betriebswirtschaftlichen Informationssystems müssen sein:
   — aussagefähige Steuerungs- und Kontrollinformationen,
   — empfängerorientiert aufbereitet und
   — zeitlich aktuell
   sowie die Bereiche
   — Budgetierung,
   — Ergebnisrechnung,
   — spezifische Planungs- und Entscheidungsrechnung
   umfassen.

6. Entsprechend der Bedeutung seiner Funktionen muß der Controller Mitglied der obersten Unternehmensorganisation sein. Bei produktorientierten Unternehmensorganisationen können beim Zentralcontroller sogenannte Produktbereichscontroller institutionalisiert sein. Diese sind ihm in jedem Falle funktional, in der Regel auch disziplinarisch unterstellt.

# Unternehmensführung im Industriebetrieb

Von
Franz Müller

**Inhaltsverzeichnis**

# F. System der Information und Kommunikation im Industriebetrieb

**Lernziele:**

Nach dem Studium dieses Beitrags sollten Sie
- erkannt haben, daß kooperative Führung in einem Industriebetrieb ein hohes Maß an Information aller Mitarbeiter erfordert;
- wissen, von welchen Gestaltungsfragen beim Aufbau eines Informationssystems in einem mittleren Industrieunternehmen auszugehen ist;
- informiert sein über die Vorteile der mündlichen Informationsweitergabe und die dadurch mögliche Verhaltensbeeinflussung der Mitarbeiter;
- an Beispielen erkannt haben, wie eine einzelne Besprechung organisiert werden kann.

## I. Bedeutung des Informationswesens bei unternehmerischen Führungsstilen

*Unter Informationswesen werden Maßnahmen, Mittel und Einrichtungen zur Erarbeitung, Übermittlung und Verarbeitung von Informationen verstanden. Informationen dienen der Unterrichtung von Mitarbeitern über Tatbestände, Zusammenhänge und Vorgänge aus ihrer Umwelt.*

Damit sollen Mitarbeiter in die Lage versetzt werden,
- die ihnen übertragenen Arbeiten richtig zu erledigen,
- die anstehenden Entscheidungen sachgerecht zu fällen und
- ihr Verhalten zielgerichtet anzupassen.

Diese Forderung birgt **zwei Aufgaben** in sich:
① Die auf Arbeiten, Entscheidungen und notwendigen Verhaltensänderungen der einzelnen Mitarbeiter zugeschnittenen Informationen zur richtigen Zeit zur Verfügung zu stellen und
② den Mitarbeiter dazu zu bringen, die zur Verfügung gestellten Informationen im Sinne der betrieblichen Notwendigkeit und auf die vorgegebenen Ziele hin zu verwerten.

In autoritär geführten Unternehmen werden Entscheidungen nur von wenigen Führungskräften gefällt. Das ganze Informationswesen ist darauf ausgerichtet, daß die Entschädigungsbefugten alle Informationen als erste in aktueller Form erhalten und selbst verarbeiten. Sie entscheiden dann nach ihrem Ermessen und geben zielgerichtete Informationen über Arbeitserledigungen und Verhalten an die Mitarbeiter weiter. Es liegt im Wesen dieses Führungsstils, daß Mitarbeiter nur zensierte Informationen von oben bekommen und diese meinungslos entsprechend der mitgelieferten Anweisung zu verwerten haben.

Bei neuzeitlichen Führungsmethoden wird versucht, durch Verantwortungs- und Entscheidungsdelegation das Wissen und Können der Mitarbeiter in Entscheidungsprozessen optimal zu nutzen. Der Mitarbeiter, der selbst entscheiden darf, fühlt sich verantwortlich für sein Tun und ist dadurch motiviert, Höchstleistungen zu bringen. Er wird interessiert an allen Informationen, durch die er seine Entscheidungen qualifizieren und sein Verhalten taktisch besser ausrichten kann. Eine wichtige Vorbedingung für die kooperative Führung ist das angepaßte Informationswesen.

## II. Darstellung eines Informationswesens in einem mittleren Industriebetrieb bei moderner Unternehmensführung

### 1. Anforderungen an das betriebliche Informationswesen

Bei kooperativer Führungsmethode müssen Entscheidungsbefugnisse und Verantwortung an die Stellen delegiert werden, die den fachlichen Überblick haben und die über die aktuellsten Informationen verfügen. Diese aktuellen Informationen entstammen aber einem Spezialgebiet. Sie reichen nicht aus, um Entscheidungen im Sinne des Gesamtunternehmens zu fällen. Entscheidungsvoraussetzungen sind erst gegeben, wenn zu diesen aktuellen Spezialinformationen über ein Informationswesen alle übrigen zur Entscheidung notwendigen Informationen zur Verfügung gestellt und vom Entscheidungsbefugten im Sinne der Zielsetzung verwertet werden.

Aus dieser Feststellung lassen sich folgende **Anforderungen an ein betriebliches Informationswesen** ableiten:

① Es muß über Zielsetzung und Kontrolle einen geschlossenen Informationskreis darstellen.
② Es muß der Mentalität der Mitarbeiter entsprechen.
③ Es muß dem möglichen Kostenbudget angepaßt sein.

### 2. Voraussetzungen für das Funktionieren des Informationswesens

Ein betriebliches Informationswesen erfüllt dann seinen Zweck, wenn die drei zuvor genannten Forderungen ausgewogen erfüllt sind. Das Unterlassen einer der Forderungen führt zwar zu einem Informationsaustausch, nicht aber zum betrieblichen Erfolg. Viele ausgeklügelte und moderne Informationssysteme blieben nach der Einführung ungenutzt, weil entweder die Betriebskosten zu hoch oder das Verhalten der Mitarbeiter nicht angepaßt war.

Wenn innerhalb eines Führungsstils mit delegierter Verantwortung und Entscheidungsbefugnis der Mitarbeiter nach eigenem Verständnis über Informationsverwertung entscheiden soll, dann muß neben dem Organisationskonzept, wonach er alle notwendigen Informationen in angemessener Zeit zu vertretbaren Kosten erhält, auch ein Führungskonzept erarbeitet werden, nach welchem das Verständnis und das Verhalten der Mitarbeiter entsprechend dem Unternehmensziel verändert werden kann. So bilden Organisationskonzept und Führungskonzept die Grundlage für das Informationswesen.

Je ausgeprägter die einzelnen Führungsinstrumente, Zielsetzung, Planung, formelle Information, Führungsdelegation und Kontrolle in einem Unternehmen genützt werden, desto formeller bzw. starr organisierter kann ein Informationswesen betrieben werden. Informationssysteme, die mit Hilfe der EDV bewerkstelligt werden, setzen eine hohe Einübung in den genannten Führungsinstrumenten voraus. Jeder Mitarbeiter muß das System als Führungsinstrument verstehen und neben den sachlichen Auswirkungen seiner Entscheidung auch die führungsmäßigen erkennen und beurteilen können.

Die auf dem Markt angebotenen Informationssysteme bieten nur eine organisatorische Lösung für ein formelles Informationswesen. Sie setzen den richtigen Mitarbeiter an der richtigen Stelle voraus. Führungs- und Erziehungsfragen werden nicht beantwortet, das Führungskonzept fehlt.

Großbetriebe können oft die Qualität ihrer Führungskräfte durch angemessene Auswahl steuern. Auch stehen hier verhältnismäßig größere Budgets zur Finanzierung eines Informationswesens zur Verfügung als in Mittel- und Kleinbetrieben.

Von einem deutschen mittleren Industriebetrieb wurde ein Informationswesen entwickelt, das auch den dort anstehenden Führungsaufgaben Rechnung trägt. Es kann sicher nicht als System auf andere Betriebe übertragen werden, bietet aber als Modell Anregungen für ähnlich gelagerte Fälle.

## 3. Modell eines Systems der Information und Kommunikation

In diesem Mittelbetrieb ist man bemüht, einen kooperativen Führungsstil zu praktizieren. Entscheidungen sind großzügig delegiert und werden in allen Ebenen und Funktionen getroffen. Analog zu den etwa 100 000 Erzeugnissen müssen außergewöhnlich viele Informationen verwaltet und ausgetauscht werden. Das breite technologische Spektrum erfordert eine hohe Anzahl Spezialisten, die auch Führungsaufgaben wahrnehmen müssen. Als Führungsinstrumente sind Zielsetzen, Planen, Kontrollieren und Organisieren eingeführt. Durch das Informationswesen werden Anwendung und Handhabung dieser Instrumente individuell auf die Führungskräfte bezogen steuerbar. Nicht genügendes Führungsverhalten kann ausgeglichen werden.

Ein Informationswesen baut nach Blohm auf folgendem Schema auf:

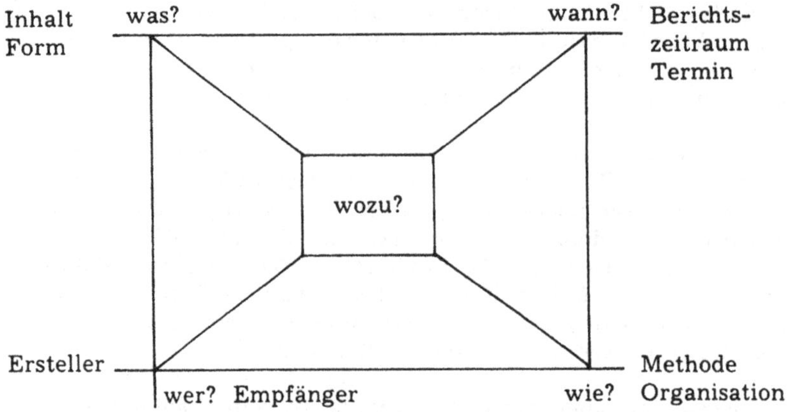


*Abb. 1: Gestaltungsfragen des Informationsaustausches nach: Blohm, H.: Die Gestaltung des betrieblichen Berichtswesens als Problem der Leitungsorganisation, 2. Aufl., Herne/Berlin 1974*

Das Modell wird an Hand der Fragen in Abb. 1 erläutert.

**„Wozu Informationen?“**
Bei der Beantwortung aller Schemafragen ist jeweils das mögliche und notwendige Verhalten der Mitarbeiter berücksichtigt. Für „Wozu Informationen“ gilt grundsätzlich: „Zur sachlichen Unterrichtung und zur Motivation“. Freilich muß hierbei achtgegeben werden, daß aus dem Informationsempfang kein Statussymbol entsteht. Diesem Problem kann man durch entsprechende Großzügigkeit bei der Informationsweitergabe begegnen.

**„Was wird mitgeteilt?“**
Mangelnde und unverstandene Informationen bieten den besten Nährboden für informelle Informationen, Spekulationen und Gerüchte. Manche gute Idee oder Maßnahme fällt dem „Rufmord“ zum Opfer, weil anstelle mangelnder oder unverstandener Informationen Gerüchte treten. Noch schlimmer ist, wenn derjenige, der zu entscheiden hat, nicht mehr in der Lage ist, formelle Information von informeller zu unterscheiden.

Im Modellunternehmen heißt die Devise: „Lieber mehr als zuwenig“. Das Durchsetzen dieses Leitgedankens bedeutet oft eine entscheidende Änderung alter Gepflogenheiten und Verhaltensweisen. Delegieren von Verantwortung bedeutet auch Aufbau des gegenseitigen Vertrauens. Dieses wiederum wird durch offene Information gefördert und gestärkt.

Informiert wird über:
- Umsatz,
- Auftragseingang,
- Auftragsbestand,

Personal,
Finanz- und Ertragssituation,
Jahresziele,
wichtige Geschäftsvorfälle,
geplante organisatorische Maßnahmen,
anstehende Probleme,
Soll-Ist-Vergleiche usw.

Umfang und Tiefe der Information ist auf die jeweilige Funktion der Mitarbeiter ausgerichtet.

**„Wer wird informiert?"**
Grundsätzlich erhalten alle Mitarbeiter zu den obengenannten Themen Informationen. Sehr genau wird allerdings differenziert bezüglich der Ausführlichkeit. Mitarbeiter, die Maßnahmen aus der Information abzuleiten haben, werden umfangreicher informiert als diejenigen, die sie nur zur Meinungsbildung erhalten. Die detaillierten Informationsverteiler sind aus den Stellenplänen und Stellenbeschreibungen abgeleitet. Für Spezialinformationen besteht sogar ein Begriffsverzeichnis, in dem die für dieses Datenelement entscheidungsbefugte und daher sofort zu informierende Stelle angegeben ist.

**„Wie wird informiert?"**
Im Modellfall wird beim Informationswesen unterschieden zwischen:
- schriftlichen,
- EDV-Online und
- mündlichen

Informationen.

Neben der alltäglichen schriftlichen Geschäftskorrespondenz werden Richtlinien, Sachberichte, Statistiken und Ergebnisse als schriftliche Information an festgelegte Verteiler weitergegeben. Richtlinien stehen z. B. an 60 Stellen im Unternehmen für alle 1400 Mitarbeiter zugänglich zur Verfügung. Jede Verteilerstelle ist verpflichtet, die schriftliche Information, zumindest soweit interessant, an die zugeordneten Mitarbeiter weiterzugeben. Ähnlich ist es mit den Sachberichten, Statistiken und Ergebnisberichten, die als Monats-, Quartals- oder Projektberichte in das System eingeordnet sind.

Dieses nach allgemein bekannten Regeln aufgebaute schriftliche Berichtswesen wird durch ein Besprechungssystem ergänzt, durch das ein Steuern der Informationsverwertung und des Führungsverhaltens möglich ist.

## 4. Das Besprechungssystem

Besprechungen sind in Industriebetrieben nichts Neues. Zuweilen gibt es „Tagungsclubs", die es sich offensichtlich zur Aufgabe gemacht haben, jeden neu ankommenden Gedanken und jeden vorgeschlagenen Lösungsweg durch Gegenargumente unfruchtbar zu machen. Trotz einer übermäßigen Besprechungsdauer muß anschließend autoritär und oftmals auch unpopulär entschieden werden.

Im Modellfall wurden die betrieblichen Besprechungen straff organisiert. Es wird unterschieden zwischen:
— der Mitarbeiterbesprechung und
— der Projektbesprechung.

Beide Besprechungsarten sind in Organisationsrichtlinien im einzelnen beschrieben und im Detail festgelegt.

**a) Vorteile von Besprechungen**

Besprechungen haben den schriftlichen Informationen gegenüber den Vorteil, daß Informationen mit individuellem Kommentar weitergegeben und im Gespräch ergänzt oder erklärt werden können. So ist es möglich, ein und dieselbe Information an Mitarbeiter mit unterschiedlichem Wissensstand, unterschiedlicher Mentalität und unterschiedlichem Verständnis mit fast gleicher Wirkung weiterzugeben. Notwendige Verhaltensänderungen sind in Besprechungen am einfachsten steuerbar. Darüber hinaus führt der menschliche Kontakt bei der Informationsübermittlung zu besserem gegenseitigem Verständnis, zu besserem Betriebsklima und daher zu besserem gegenseitigem Vertrauen. Spekulationen und Gerüchte werden im Keim erstickt. Die Mitarbeiter sind bewußt informiert, die Mitarbeiter sind mündig.

**b) Besprechungsarten**

Das System sieht Projektbesprechungen und Mitarbeiterbesprechungen vor.

P r o j e k t b e s p r e c h u n g e n werden nach Vorlage eines Projektauftrages zeitlich, thematisch und von den Teilnehmern her festgesetzt. Das Team hat die Aufgabe, Lösungswege für die im Projektauftrag beschriebene Problematik zu erarbeiten. Durch schriftliche oder mündliche Projektberichte werden Zwischen- oder Abschlußergebnisse einem jeweils festgelegten Mitarbeiterkreis zur Kenntnis gegeben.

Die M i t a r b e i t e r b e s p r e c h u n g e n sind vierstufig wie folgt organisiert:
— Geschäftsleitungsbesprechung,
— Geschäftsbesprechung,
— Abteilungsbesprechung,
— Gruppenbesprechung.

In Ableitung der im Modellfall praktizierten Matrix-Organisation werden zusätzlich auf der Ebene der Geschäftsbesprechungen Fachbereichsbesprechungen durchgeführt.

Während die Geschäftsleitungsbesprechungen wöchentlich stattfinden, werden die übrigen Besprechungen vierzehntägig durchgeführt.

**c) Geschäftsleitungsbesprechung**

An der Geschäftsleitungsbesprechung nehmen neben dem Geschäftsführer die drei Mitglieder der Geschäftsleitung teil. Hier werden alle Geschäftsvorfälle besprochen, Berichte analysiert und Entscheidungen gefällt, die die Geschäftsleitung insgesamt betreffen. Jedes Geschäftsleitungsmitglied muß bis beispielsweise spätestens Freitag die von ihm eingebrachten Besprechungsthemen, im einzelnen mit Unterlagen, an den Geschäftsführer einreichen. In der Regel sind die Unterlagen so aufbereitet, daß eine Meinungsbildung und Entscheidungsvorbereitung dann bis zum Dienstag möglich ist. Fallweise werden zu einzelnen Themen Spezialisten in die Besprechung eingeladen.

Die Geschäftsleitungsbesprechung ist auf zwei Stunden begrenzt. Tagesordnungspunkte, die nicht erledigt werden konnten, werden delegiert oder verschoben. Es liegt im Interesse jedes Themenbeteiligten, die Besprechungsunterlagen so aufzubereiten, daß in der zur Verfügung stehenden Besprechungszeit entschieden werden kann.

**d) Geschäftsbesprechung**

In der Geschäftsbesprechung sind alle betrieblichen Hauptfunktionen (einschließlich dem Betriebsratsvorsitzenden) durch einen Mitarbeiter vertreten. Diese Besprechung dient dazu, die Teilnehmer über ein bis zwei Hauptthemen wie „Beschaffungssituation, Auftragsrückstände, Auslastung der Produktion, Stand der Produktentwicklungen, Stand der Organisationsprojekte, kurzfristige Erfolgsrechnung“ usw. zu informieren. Dadurch wird ein Informationsgleichstand auf der gesamten Unternehmensbreite erreicht, was ein besseres Verständnis füreinander bewirkt. Einzelprobleme lassen sich wesentlich leichter lösen.

Unter Punkt „Verschiedenes“ kann jeder Themen einreichen, die allgemein von Interesse sind. Kristallisiert sich im Gespräch über solche Themen eine notwendig werdende Entscheidungsvorbereitung heraus, dann wird der Punkt zur Klärung an den entsprechenden Kreis von Teilnehmern delegiert. Die Geschäftsbesprechungen sind Informations- und keine Diskussionsveranstaltungen.

Zeitlich werden diese Zusammenkünfte auf ein halbes Jahr im voraus festgelegt. Zu jeder Besprechung erfolgt eine schriftliche Einladung mit Themenangabe. Ein Fehlen oder ein Nichtvorbereitetsein ist nur in unabänderlichen Fällen möglich. Der Geschäftsführer steuert sowohl die Hauptthemen wie auch die unter Punkt „Verschiedenes“ behandelten Themen zeitlich so, daß die Besprechung längstens nach eineinhalb Stunden zu Ende ist. Längere Besprechungen sind wegen der sinkenden Konzentrationsfähigkeit nicht ergiebig.
Über jede Geschäftsbesprechung wird ein Ergebnisprotokoll angefertigt. Aufgabenstellungen sind in diesem Protokoll mit Angabe des verantwortlichen Mitarbeiters und des Erledigungstermins fixiert. So kann das Protokoll gleichzeitig zur Erledigungskontrolle verwendet werden.

Jeder Besprechungsteilnehmer gibt dieses Protokoll an die ihm direkt unterstellten Mitarbeiter weiter. Rückfragen bzw. Erläuterungen zu der Niederschrift sind in der folgenden Abteilungsbesprechung möglich. Das sehr kurz gefaßte Ergebnisprotokoll wird dadurch zum wichtigen Informationsträger für einen Mitarbeiterkreis, der vielfach größer ist als der Teilnehmerkreis. Es trägt dazu bei „Macht durch Informationsvorsprung“ abzubauen.

**e) Abteilungsbesprechung**

An der Abteilungsbesprechung nehmen alle, dem Abteilungsleiter direkt unterstellten Mitarbeiter teil. Sie dient dazu, Informationen, die von oben kommen, zu diskutieren und in das Gesamtbild einzuordnen.

Die Abteilungsbesprechung findet regelmäßig und zum gleichen Zeitpunkt statt. In der Regel sind die Teilnehmer selbständig arbeitende Mitarbeiter mit mehr oder weniger abgeschlossenem Arbeitsgebiet. Sie sind an Informationen aus allen Richtungen interessiert. Sehr schnell wissen sie aber auch, wie sie sich vorzubereiten haben, welcher Beitrag von ihnen erwartet wird und was ihre Aussage bewirkt. Hier kommt der Vorbereitung des Abteilungsleiters auf diese Besprechung eine besondere Bedeutung zu. Je selbständiger seine Mitarbeiter in der eigenen Meinungsbildung sind, desto stärker muß er führen. Seine Argumentationen müssen stets auf die Unternehmensziele hin ausgerichtet sein, seine Plädoyers sind Basis jeder Motivation.

Eine gut aufgebaute Abteilungsbesprechung wird von Dialog, Kontrolle und Zielsetzung getragen. Nie darf sich einer als Alleinunterhalter etablieren. Ohne besonderes Dazutun kann aus den Beiträgen der Teilnehmer eine Fortschrittskontrolle abgeleitet werden. Besonders wertvoll ist, wenn diese Fortschrittskontrolle von allen mit Interesse verfolgt wird, denn dieses Interesse ist ein Maßstab für die Einsatzfreudigkeit jedes Einzelnen.

Ebenso werden superoptimistische, karrierefördernde Berichte durch Desinteresse und Anmerkungen von den Zuhörern ignoriert. Die Kontrolle wird qualitativer und effektiver.

Die Abteilungsbesprechung ist auf eine Stunde begrenzt. Ähnlich wie bei den anderen Besprechungen werden unreife Themen nicht behandelt, wohl aber ins Protokoll aufgenommen. Auch bei entstehenden Diskussionen, die den Anschein haben, länger zu dauern, werden die Probleme zur Klärung an zuständige Mitarbeiter delegiert. Nur entscheidungsreife Themen werden besprochen, um die Entscheidung zu fällen.

Das so gemeinsam erarbeitete Bild über den Stand der Arbeiten in der Abteilung und im Hinblick auf die Unternehmenszielsetzungen bietet nun den Ausgangspunkt für das weitere Vorgehen. Teilziele können sachorientiert und personenorientiert nuanciert gesetzt werden. Zielabweichungen werden früh erkannt und können entweder durch entsprechende Maßnahmen verhindert oder ausgeglichen werden. Führen in kleinen Schritten ist möglich.

Von jeder Abteilungsbesprechung wird ein Ergebnisprotokoll angefertigt. Durch die Regelmäßigkeit, mit der die Besprechungen durchgeführt werden, und durch die immer wieder neu gewonnene Übersicht kann jeder Protokoll-Leser auf ausführliche Ergebnisbeschreibungen verzichten. Oft reichen Themenangaben als Protokollvermerk aus. Wichtig ist aber, daß für alle offenen Fragen und Probleme ein Mitarbeiter als verantwortlich benannt wird, der den Erledigungstermin unter Kenntnis des Gesamtgeschehens selber setzt. So wird das Protokoll gleichzeitig zur Checkliste für die Kontrolle bei der nächsten Besprechung (Abb. 2).

Organisation

31. Mai 1978
bq-gs-bür

**Protokoll Nr. 74**
**zur Abteilungsleiterbesprechung am 31. Mai 1978, W. 22**

Verteiler: H. Bantleon
H. Bassler
H. Lahr
H. Lindner
H. Müller
H. Peters
H. Schierach

| lfd. Nr. | Themen | zu erledigen von | Termin |
|---|---|---|---|
| 87 | Arbeitsplanrichtlinie | H. Schierach | Wo. 25 |
| 88 | Ablauf für Artikelreservierung | H. Müller | Wo. 24 |
| 112 | Bildschirmaske für Auftragsabfrage | H. Bassler | Wo. 23 |
| 114 | Artikelstamm ergänzen | H. Schierach | Wo. 23 |
| 115 | Installationsplan für Umstellung 370/125 II | H. Lindner | Wo. 23 |
| 118 | Neues Lohnscheinformular | H. Müller | Wo. 25 |
| 120 | Auftragsdurchlauf Hausdruckerei | H. Peters | Wo. 24 |
| 121 | Programme — Auftragsverfolgung | H. Lahr | Wo. 24 |
| 122 | Richtlinie: Auftragsänderungen | H. Bassler | Wo. 23 |

*Abb. 2: Besprechungsprotokoll*

Durch die Abteilungsbesprechung wird das Arbeiten in der Abteilung und im Betrieb effizienter für Abteilungsleiter und Mitarbeiter. Fehlverhalten auf beiden Seiten ist nur kurzlebig, da es spätestens bei der nächsten Abteilungsbesprechung besprochen wird. Es entsteht kooperative Führung.

**f) Gruppenbesprechung**
Gruppenbesprechungen werden dort gehalten, wo in großen Abteilungen Gruppen mit selbständig arbeitenden Mitarbeitern bestehen. Der Gruppenleiter führt diese Besprechungen nach dem Schema einer Abteilungsbesprechung durch. Zur Beantwortung bestimmter Fragen werden außerhalb der Gruppe stehende Mitarbeiter eingeladen. Ein Kurzprotokoll dient allen als Erledigungscheckliste und gestattet dem Abteilungsleiter eine differenzierte Kontrolle wichtiger Arbeiten.

Durch Gruppenbesprechungen werden auch größere Abteilungen für Vorgesetzte und Mitarbeiter transparent. Führungsimpulse erhalten so ihre größte Reichweite.

## III. Zusammenfassung

Im Modellunternehmen wurde erkannt, daß kooperatives Führen ohne funktionierendes Informationswesen nicht möglich ist. Nur der informierte Mitarbeiter kann selbständig, kann mündig sein.

Im praktizierten Informationswesen kommt der Mitarbeiterbesprechung besondere Bedeutung zu. Mit Hilfe klar organisierter Besprechungen werden wichtige Informationen erläutert weitergegeben. Das entstehende Wechselspiel zwischen Reaktion der Mitarbeiter und Erläuterung durch den Besprechungsleiter legt auf beiden Seiten Meinungen und Verhaltensweisen zu den angesprochenen Themen klar. Es entsteht ein Führen und Geführtwerden.

Die erarbeiteten Problemlösungen sind durch den umfassenden Überblick der Mitarbeiter qualitativ gut. Ziele werden zusammen mit den Verantwortlichen und Beteiligten sachlich und zeitlich in Ableitung der Unternehmensziele erarbeitet und werden daher von allen getragen. Durch die offene Information entsteht gleichzeitig ein Interesse an der Erledigung der Aufgaben, wodurch die Kontrolle zum gewollten Instrument aller Mitarbeiter wird. Die ständige Meinungsabgleichung führt zur Offenheit bei den Diskussionsteilnehmern und letztlich zu höherem gegenseitigen Vertrauen und zu einem guten Betriebsklima.

Da interessierte und einsatzfreudige Mitarbeiter mehr Leistung erbringen als andere, führt das praktizierte Informationswesen zusammen mit kooperativer Führung zu höherer Betriebsleistung und auch zu zufriedeneren Mitarbeitern.

**Fragen:**

1. Welches sind die wesentlichen Gestaltungsfragen des Informationswesens?
2. Wozu dient Information allgemein?
3. Welche Vorteile haben Besprechungen gegenüber schriftlichen Informationen?

## Literaturverzeichnis

Blohm, H.: Die Gestaltung des betrieblichen Berichtswesens als Problem der Leitungsorganisation, 2. Aufl., Herne/Berlin 1974.

**Antworten zu den Fragen**

1. W o z u ist w e r , w a n n und w i e über w a s zu informieren?

2. Zur sachlichen Unterrichtung und zur Motivation.

3. In Besprechungen können Informationen durch Ergänzungen so weitergegeben werden, daß Mitarbeiter mit unterschiedlichem fachlichen Niveau gleichermaßen motiviert werden.

# Unternehmensführung im Industriebetrieb

Von
Dr. Werner Siegert

**Inhaltsverzeichnis**

**Der Autor**

Dr. Werner Siegert,

1930 in Dessau geboren, studierte an der Universität Köln Betriebs- und Volkswirtschaftslehre und promovierte 1961 bei Prof. Dr. G. Schmölders, Köln, über „Moral Suasions als währungspolitisches Mittel des Zentralbank-Systems". Von 1962 bis 1967 war Herr Dr. Siegert in der Geschäftsleitung mittelständischer Unternehmen tätig. Von 1967 bis 1974 war er verantwortlicher Redakteur und Chefredakteur der Zeitschrift „Plus", Düsseldorf. Seit 1974 ist er Unternehmensberater und geschäftsführendes Vorstandsmitglied der Deutschen Management-Gesellschaft e. V.

# G. Organisationsentwicklung

**Lernziele:**

Nach dem Studium dieses Beitrags sollten Sie
- Organisationsentwicklung richtig definieren und gegen Mißverständnisse abgrenzen können;
- erkannt haben, daß die Entwicklung eines Unternehmens nicht dem Zufall überlassen bleiben sollte, sondern bewußt zu gestalten ist;
- in der Lage sein, zwei exogene und zwei endogene Motive für Organisationsentwicklung aufzuzählen;
- vier Phasen der Unternehmensentwicklung aufzählen und erläutern können;
- die Methode des Vorgehens bei Organisationsentwicklungs-Maßnahmen skizzieren können.

**Vorbemerkung**

Der folgende Beitrag befaßt sich mit einem Aspekt der Unternehmensführung, der für sämtliche Formen sozialer Gebilde von Bedeutung ist, also nicht nur für Industrieunternehmen, sondern gleichermaßen auch für andere Unternehmensarten, für Behörden, Schulen, Kirchen, Vereine und dergleichen mehr.

Die Rechtfertigung für die Aufnahme dieses Beitrags in ein auf Industriebelange ausgerichtetes Lehrwerk liegt in dem Gewicht, welches diesem Sachverhalt im Rahmen der modernen Managementlehre und -praxis beigemessen wird. Kenntnisse aus dem Gedankengut der Organisationsentwicklung können hiernach als unerläßlich für das Verständnis von Unternehmen als „lebende“ Gebilde angesehen werden.

Bei der Darstellung wird mehr als in diesem Lehrwerk üblich auf die Literatur Bezug genommen. Dies erschien notwendig, da es sich bei den einzelnen Darlegungen weniger um Fakten handelt, sondern mehr um Meinungen und Interpretationen einzelner Autoren. Die Quellenverweise ermöglichen die Auffindung der entsprechenden Literaturstellen für ein vertiefendes Studium.

Der Beitrag nimmt Bezug zu dem Band von Oehme, Methoden der Unternehmensführung, Seite 70—74.

## I. Wesen und Begriff der Organisationsentwicklung

Der Begriff der „Organisationsentwicklung“ erfordert mehr als wahrscheinlich jeder andere Terminus aus der Fachsprache der Unternehmensführung zunächst eine Klarstellung und erst dann eine Definition.

Klarzustellen ist, daß es sich bei den Vorgängen, die unter dieser Bezeichnung zusammengefaßt werden, nicht primär um die Veränderungen der Aufbau- oder Ablauforganisation handelt und schon gar nicht um Verbesserungen im Bereich der Büro-Organisation.
Insofern ist die Bezeichnung „Organisationsentwicklung" irreführend. Sie stellt eine mißglückte, aber nicht mehr heilbare Übersetzung des anglo-amerikanischen „Organizations Development" dar. „Organizations" sind „Organisationen" im Sinne von Institutionen oder Unternehmen. Die richtigere Übersetzung hätte demnach „Unternehmens-Entwicklung" heißen müssen.

Als charakteristische **Merkmale der Organisationsentwicklung** kann man insbesondere die folgenden anführen (siehe dazu Bennis, Organisationsentwicklung; Beckhard, Organisationsentwicklung):
— Organisationsentwicklung zielt auf Maßnahmen ab, mit denen geplante organisatorische Änderungen bewirkt werden sollen.
— Die Eingriffe in die Unternehmensabläufe orientieren sich an Erkenntnissen aus den Verhaltenswissenschaften.
— Maßgebende Bedeutung kommt dem sogenannten Änderungsstrategen („change agent") zu, der zumeist als neutraler Dritter das Ziel ermitteln und ansteuern hilft, ohne direkt einzugreifen.
— Die Änderungsstrategen gehen von bestimmten Leitgedanken aus, von denen sie annehmen, daß sie der Realität entsprechen. Dazu gehört insbesondere die Überzeugung, daß Verbesserungen in den zwischenmenschlichen Beziehungen möglich sind und daß Unternehmen als organische soziale Systeme aufzufassen und zu gestalten sind — im Unterschied zur mechanistischen Betrachtungsweise bei der Gestaltung technischer Systeme.

Mehr als einprägsame Verkürzung, aber auch als Hinweis auf die auslösenden Momente von Maßnahmen der Organisationsentwicklung sei dem Leser hier eine Definition mit auf den Weg gegeben, die der Verfasser an anderer Stelle für den Praktiker zusammengefaßt hat (Siegert, W., Fitness-Plan für Unternehmen):

*Organizations Development umfaßt alle bewußt gesteuerten Maßnahmen, um ein Unternehmen (oder eine Behörde, Schule, Kirche, einen Verband, Verein, eine Partei usw.) entsprechend seiner eigenen Entwicklungsphasen und der gesellschaftlichen Entwicklung lebens- und leistungsfähig zu erhalten.*

Die „bewußte Steuerung" muß deshalb als ein wichtiges Merkmal für diesen Erkenntnisgegenstand gelten, weil Organisationsentwicklung im weiteren Sinne selbständig stattfindet, ob sie nun vom Management wahrgenommen wird oder nicht. Organisationen mannigfacher Art und Funktion geraten geradezu häufig in Schwierigkeiten, weil die Führungskräfte nicht rechtzeitig wahrnehmen, daß sich Entwicklungen zwischen den Menschen und im Mensch-Sachbereich vollzogen haben, die andere Rahmenbedingungen für den Leistungsprozeß erfordern.

Diese eigenen, endogenen Entwicklungsphasen, aber auch mannigfache Veränderungen im Umfeld der Unternehmung, stellen dem Management immer wieder die Aufgabe, Maßnahmen zur besseren Entfaltung des im Unternehmen vorhandenen menschlichen Potentials zu ergreifen.

Wenn in den nun folgenden Ausführungen von „Unternehmen" gesprochen wird, so sind damit stets auch ziel- oder leistungsorientierte Institutionen anderer Art, wie sie oben in der Definition zum Teil aufgezählt werden, gemeint. Auch wird dem internationalen Sprachgebrauch folgend von nun an die Abkürzung **OD (Organizations Development)** verwendet.

## II. Motive für Organisationsentwicklung

### 1. Endogene Motive

#### a) Entwicklungsphasen jedes Unternehmens

Jedes Unternehmen, jede Institution verändert sich permanent, so wie sich ein lebendiger Organismus von der Geburt an verändert. In der Gründungs- und ersten Aufbauzeit eines Unternehmens findet sich zumeist eine kleine „verschworene" Gemeinschaft zusammen, die Vertrauen in die gemeinsame Idee und in die wechselseitigen Fähigkeiten hat. Das Ziel ist immerhin klar genug, um das Risiko eines Starts zu wagen. Jeder weiß, was zu tun ist. Die Kommunikationswege sind kurz, der Grad des Informiertseins über die Ereignisse im Unternehmen groß. Weil man ein gemeinsames Ziel vor Augen hat und engagiert ist, werden Opfer mannigfacher Art gebracht, sei es durch Verzicht auf Sicherheit, durch Verzicht auf geregelte Arbeitszeiten, durch Verzicht auf kostspielige Installationen, auf Statussymbole, ja gelegentlich sogar auf Bezahlung. Wenn Not am Mann ist, packen alle an jeder Stelle zu. Eine Art „Organisation" bildet sich von selbst heraus, wobei die funktionelle Ablauforganisation zur Keimzelle wird. Dies ist aber typischerweise eine Organisation „auf die Person hin", nicht von der Sache her. Wer ein Unternehmen in einer solchen Phase erlebt hat, wird sich zumeist gern daran erinnern, sofern nicht zu schnell chaotische Zustände um sich gegriffen haben, weil es an Zielverständnis oder Sachverstand gefehlt hat.

Mit dem wachsenden Unternehmen wachsen die Probleme, die sich aus dieser relativen Strukturlosigkeit ergeben. Schon die Einstellung neuer Mitarbeiter, die nicht vom Engagement der ersten Stunde beseelt sind, die ihre selbstverständlichen Ansprüche stellen und meist auch Erwartungen hegen, die sie von anderen Arbeitsplätzen mitbringen, führt zu Klimaveränderungen. Schließlich wird das Unternehmen unübersichtlicher und zu groß, als daß man ohne eine Ordnungsvereinbarung auskommt. Zuständigkeiten müssen festgelegt werden. Informationswege und -methoden müssen festgeschrieben werden.

Disziplin muß die zunächst frei gewählten Verhaltensweisen ersetzen. Das Unternehmen gelangt aus der Pionier- und Aufbauphase in die Organisations- und Konsolidierungsphase, in der die Strukturen den Sachzwängen angepaßt werden müssen. Die Aufbauorganisation tritt in den Vordergrund. Es werden Stellenbeschreibungen geschaffen. Stellenbesetzungen erfolgen nach Anforderungsprofilen. Oftmals verlassen die Männer der ersten Stunde das Unternehmen und machen Spezialisten Platz. Zugleich beginnt die Zahl derer zu überwiegen, die nicht auf Grund eines besonderen Engagements im Unternehmen arbeiten, es vielmehr als eine Arbeitsstelle unter vielen anderen ansehen. Dabei geht leicht das Bewußtsein für das Ziel der Anstrengungen verloren und dies um so mehr, je arbeitsteiliger der Leistungsprozeß verläuft. Da das Ziel als eines der wirksamsten Leistungsmotive verschwimmt, wird die Arbeitsverrichtung Selbstzweck, werden die Arbeitsziele in der Regel auf den eigenen Arbeitsplatz und auf den Tag beschränkt. An die Stelle des ursprünglich gemeinsamen Ziels, das freilich mit den eigenen Zielen in irgendeiner Weise verflochten war, treten nunmehr die eigenen Ziele bei denen, die sich mit dem Unternehmen nicht verbunden fühlen. Der damit verbundene Schwund an Leistungsansporn muß durch eine Steigerung von Aufsicht und Kontrolle kompensiert werden.

In Unternehmen, deren Management nicht auf solche Veränderungen konstruktiv zu reagieren vermag, kann leicht eine Bürokratie entstehen, deren Reglement ersetzen soll, was früher Wille und Selbstdisziplin bewirkten. Die Bürokratiephase ist zugleich eine Stagnationsphase, in der das Unternehmen auf der Stelle tritt, von der Substanz lebt und kaum noch Innovation stattfindet. Dabei gerät es früher oder später in existentielle Gefahr, jedenfalls sofern es sich um ein Erwerbsunternehmen im Wettbewerb handelt. In behördenähnlichen Institutionen wuchern die Kosten.

Will das Unternehmen aus dieser Phase herausfinden, will es auch nur die Organisationsphase mit nunmehr gesteigertem Leistungspotential hinter sich lassen, dann müssen die Menschen im Unternehmen sich wieder von neuen Zielen begeistern lassen. Sie müssen die Ordnung akzeptieren, die Disziplin als Wirkungsmoment begreifen und gemeinsam ein Werk vollbringen wollen. In der Fachsprache des Nederlands Pedagogisch Instituut, das hier grundlegende Arbeiten veröffentlicht hat (Houssaye/Glasl, Organisationsentwicklung; Lievegoed, Organisation im Wandel), spricht man von der Integrationsphase. Man könnte ebenso von einer neuen Pionierphase sprechen (Siegert, W., Organisations-Entwicklung), die später erneut von einer Phase abgelöst wird, in der die neuen Dimensionen organisatorisch bewältigt werden.

Alle die geschilderten Wachstumsphasen eines Unternehmens erfordern eine besondere Strategie, eine umsichtige und einsichtige Führung und das ständige Bemühen um die Integration der Mitarbeiter in die Gestaltungsprozesse der Organisation — kurzum sie fordern Organizations Development.

### b) Job-enrichment

Ein weiteres ausgeprägtes endogenes Motiv für OD ist der Prozeß, der nach einer Epoche jener Work-simplification, die zu immer tiefer gegliederter Arbeitsteilung führte, jetzt die Aufgaben wieder so anzureichern versucht, daß der Mitarbeiter ein breiteres Spektrum seiner Fähigkeiten einsetzen kann. Sicherlich vermischen sich damit auch exogene Motive, etwa aus dem Bereich der Gesellschaftspolitik und der Humanisierung der Arbeitswelt.

Der stärkste Antrieb aber, Job-enrichment zu verwirklichen, folgt aus einer konsequenten Umsetzung der bisherigen Erkenntnisse über die Motivation menschlichen Handelns und Leistens. Hier verdienen insbesondere die Arbeiten von McGregor, Maslow, Gellerman, Likert, Argyris und Schein erwähnt zu werden, die — wenn sie auch selten dem Anspruch auf Wissenschaftlichkeit

genügen — Licht in die Problematik menschlicher Leistungsmotivation gebracht haben.
Ebenfalls zu erwähnen ist die erste großangelegte und für die Motivationslehre grundlegende Untersuchung in den Hawthorne-Werken der Western Electric Company, Chicago[1]). Gerade diese über viele Jahre hinweg geführte Forschungsarbeit hat offenbart, daß weniger die physische Arbeitsgestaltung selbst, die Verbesserung ergonometrischer Faktoren und die Organisation die Disposition zum Engagement schaffen, sondern in stärkerem Maße die innere Einstellung und Motivation des Menschen. Deshalb muß auch Job-enrichment mit den betroffenen Mitarbeitern initiiert werden, und erst hier ergibt sich eine Verknüpfung mit OD. Ford beschreibt die dann erzielbaren Auswirkungen an Hand von Protokollen systematischer Experimente bei der American Telephone & Telegraph Company.

Bemerkenswert ist hier auch, daß Job-enrichment in allen Arbeitsbereichen, also insbesondere auch im Bereich der Verwaltung, Leistungsverbesserungen herbeiführt, die je nach Ausgangslage bis zu 20—30 Prozent betragen können, ohne daß die Mitarbeiter sich unter Druck gesetzt fühlen oder sich auf eine besonders raffinierte Methode ausgebeutet sehen. Allerdings muß es wohl als unverzichtbarer Bestandteil von Regeln für gutes Job-enrichment gelten, daß die Mitarbeiter an den von und mit ihnen erzielten Leistungsverbesserungen materiell beteiligt werden. Damit erfolgt ein bedeutsamer Brückenschlag zu den gesellschaftspolitischen OD-Motiven, wie sie etwa von den in der Arbeitsgemeinschaft zur Förderung der Partnerschaft in der Wirtschaft e. V. (AGP) zusammengeschlossenen Partnerschaftsbetrieben verfolgt werden.

**c) Ökonomische OD-Motive**

Mit Recht fordert die Gesellschaft in marktwirtschaftlichen Systemen, daß die Unternehmen ihre Leistung unter besonders sparsamem und ökonomischem Einsatz der Ressourcen erbringen. Unter diesen Ressourcen wurde dem Leistungspotential des Mitarbeiters und hier insbesondere auch seiner geistigen Kapazität lange Zeit zu wenig Aufmerksamkeit geschenkt. Jetzt stehen wir zwangsläufig vor einer Tendenzwende:

> *„Der harmonische Dreiklang von steigender Versorgung zu stabilen Preisen bei sinkenden Kosten weicht künftig der Disharmonie von bestenfalls stabiler Versorgung zu steigenden Preisen bei steigenden Kosten und sinkenden Erträgen" (Rogge, P. G., Tendenzwende).*

Dieser Prognose von Rogge entspricht auch die Preisentwicklung der Roh-, Hilfs- und Betriebsstoffe, vor allem soweit sie aus den Entwicklungsländern und ölexportierenden Ländern stammen.

Es ist nicht nur verständlich, sondern notwendig, daß sich das Management von Unternehmen aller Art darauf besinnt, daß der Produktionsfaktor „Arbeit", der viel treffender „Mensch" genannt werden sollte, bisher nicht ausgeschöpft worden ist. Dies gilt nicht für die physische Nutzung seiner Kräfte, sondern für seine Kreativität, für sein geistiges Potential. Zugang hierzu eröffnet in beson-

1) Näheres über das Hawthorne-Experiment in Kretschmar, A., Betriebssoziologie, Wiesbaden o. J., S. 7 ff.

derem Maße OD, während eher konventionelle Führungsmethoden diese Ressourcen kaum zu erschließen vermögen.

## 2. Exogene Motive

### a) Gesellschaftspolitische Motive

Menschen, die in einer freiheitlichen, demokratischen Gesellschaftsordnung leben wollen und ihrem Willen auch über ihr politisches System Nachdruck verleihen können, tendieren dazu, diese freiheitliche Maxime in möglichst allen Lebensbereichen durchzusetzen. Ob dies letztlich realistisch ist, soll an dieser Stelle nicht diskutiert werden. Die Tendenz ist aber nicht zu bestreiten: Die Rolle des fremdbestimmten, abhängigen und unmündigen Erfüllungsgehilfen anderer muß in Frage gestellt werden, wenn die Wahrung der Menschenwürde Verfassungsauftrag ist. Eine totale Lösung wäre utopisch.

OD eröffnet jedoch Wege, die weit an das Ziel heranführen. Es ist nicht zu verkennen, daß namentlich unter den europäischen Initiatoren des OD diese gesellschaftspolitische Motivation an allererster Stelle steht und die Nennung auch ökonomischer Motive harte Kritik auslöst. Österreich und die Bundesrepublik Deutschland stehen hier in vorderster Position. Es wäre falsch, die Forderung, Humanisierung habe ohne Rücksicht auf Gewinn oder Verlust stattzufinden, nur bei der politischen „Linken" zu vermuten. Vor allem religiöse Kreise — auch sonst eher konservativer Grundhaltung — bekennen sich ebenso dazu. In den skandinavischen Ländern wurden ökonomische und gesellschaftliche Motive realistisch miteinander verwoben. Die größere Akzeptanz von OD mag als Echo darauf gelten. Die Mitbestimmung nach der gesetzlichen Regelung vom 4. 5. 1976 und im Sinne der Montanindustrie sowie alle anderen Regelungen der Betriebsverfassung, die auf eine stärkere Mitwirkung der Arbeitnehmer an der Willensbildung in den Unternehmen abzielen, sind ebenso Ergebnis der oben beschriebenen gesellschaftspolitischen Tendenz, wie sie ihrerseits wieder OD-Methoden zu ihrer fruchtbaren Verwirklichung benötigen.

Weder den Arbeitnehmern noch den Arbeitgebern, weder den Gewerkschaften noch den Unternehmern kann an einer permanenten ideologischen Konfrontation im Unternehmen gelegen sein, die, von der möglichen Patt-Stellung bei wichtigen Entscheidungen einmal abgesehen, zu zeitraubenden Prozessen der Entscheidungsbildung führen. OD vermag auch hier eine Brücke zu schlagen.

### b) Menschliche Wesensart als Motiv

Wenn immer wieder durchscheint, daß die OD-Methodik in besonderem Maße geeignet ist, dem Menschen zur Verwirklichung seiner Motive zu verhelfen, Leistungsfreude und Kreativität zu fördern und Konflikte abzubauen, dann liegt der Grund dafür letztlich darin, daß OD den Menschen wieder in seiner Wesensart akzeptiert.

> *Nicht die Menschen haben sich den Organisationen anzupassen, sondern die Organisation muß so strukturiert werden, daß sie den Menschen dient und sich ihnen anpaßt.*

So etwa lautet das Credo einer wichtigen Gruppe von OD-Befürwortern. Sie haben einmal die psychische Veranlagung des Menschen im Auge, insbesondere seine emotionale Disposition, die wesentlich stärker ist als seine Neigung, sich der reinen Vernunft zu unterwerfen, und dies trotz einer intensiven Erziehung zur Rationalität und zur Unterdrückung der Gefühle, die auch heute noch die Lehrpläne der Schulen und Erziehungskonzepte der Eltern beherrscht. In der auf Rationalität gegründeten Umwelt des betrieblichen Leistungsprozesses bleibt ein beträchtlicher Teil des Menschen „ausgesperrt". Seine Gefühle gehen in den Untergrund und beeinträchtigen von dort her seine Akzeptanz der Arbeit und ihres Umfeldes. Konflikte, die hier ihren Ausgang nehmen, werden dann in die weiteren Lebensbereiche wie z. B. die Familie verschleppt.

Es ist kein Zufall, daß OD in Europa in starkem Maße von den Anthroposophen verbreitet und fortentwickelt worden ist, die auf dem Gedankengut von Rudolf Steiner aufbauen. Das bereits erwähnte Nederlands Pedagogisch Instituut leistete schon frühzeitig Pionierarbeit. In den Steiner-Schulen und anderen Steiner-Institutionen wird der ganzheitliche Mensch in seiner dialektischen Position zwischen ratio und emotio gesehen. OD entspricht daher dem Auftrag, dem sich die Anthroposophen verschrieben haben.

Die bisher genannten Motive für OD können nur grobe Richtungen aufzeigen, sind aber keinesfalls vollständig. Gerade weil es sich um einen Grenzbereich zwischen Humanwissenschaften und Betriebswirtschaftslehre handelt, ist es schwierig, die Bezüge auch nur einigermaßen vollständig zu erfassen.

## III. Methodik der Organisationsentwicklung

Stiefel/Flöther haben die Phasen eines OD-Projektes in einem übersichtlichen Schema dargestellt.

Wie die Autoren dazu bemerken, kann die Methodik im praktischen Fall sehr unterschiedlich sein. Wesentlich sei für den zyklischen Prozeß, daß beim Top Management begonnen werde.

Dem ist soweit zuzustimmen, als jeder OD-Prozeß im Unternehmen so bedeutsame Veränderungen auslöst, daß die Verwirklichung eines Projektes ohne die Unternehmensleitung oder gar gegen sie über kurz oder lang zu erheblichen Konflikten führen muß. Es ist dagegen nicht unbedingt erforderlich, daß jedes einzelne Projekt zunächst einmal in der Topebene durchgespielt werden muß. So eignen sich gerade kleine Pilot-Projekte, die in einem abgegrenzten Unternehmensbereich oder innerhalb einer besonderen Mitarbeitergruppe verwirklicht werden, sehr gut dazu, erste Erfahrungen zu sammeln, Keimzellen zu bilden und Skepsis zu nehmen.

Immer nehmen pädagogische Maßnahmen einen großen Raum ein, weil sich herausgestellt hat, daß die „sozialen Fähigkeiten" des Menschen unserer Zeit wie z. B. seine Fähigkeit zu kommunizieren, zu kooperieren oder auch nur seine eigenen Bedürfnisse und die anderer zu erkennen, unterentwickelt sind. Schon an dieser Stelle muß gesagt werden, daß es verhängnisvoll wäre, Seminare allein mit OD zu verwechseln. Sie haben nur eine Hilfsfunktion.

Weltweit am stärksten verbreitet ist das **Grid-System** der Scientific Methods, Inc., Austin/Texas (vgl. Oehme, Methoden der Unternehmensführung, S. 71 f.), das von Robert Blake und Jane S. Mouton entwickelt wurde. Im Mittelpunkt dieses Grid-Systems steht das „Verhaltensgitter“. (Eine Abbildung des Verhaltensgitters nach Blake/Mouton ist enthalten in dem Beitrag von Oehme, Methoden der Unternehmensführung, S. 72.) In diesem Spannungsfeld zwischen Produktion und Mensch sind fünf typische Verhaltens- und Führungsstile zu orten, von denen nur der 9/9-Stil geeignet ist, der Organisation zu einem erfolgversprechenden Entfaltungsprozeß zu verhelfen. Je nach Typ des Unternehmens oder Unternehmensbereiches werden den Achsen des Koordinatensystems spezifische Bedeutungen zugeordnet, die jedoch jeweils auf Leistung und auf Befriedigung der emotionalen Bedürfnisse des Menschen abzielen.

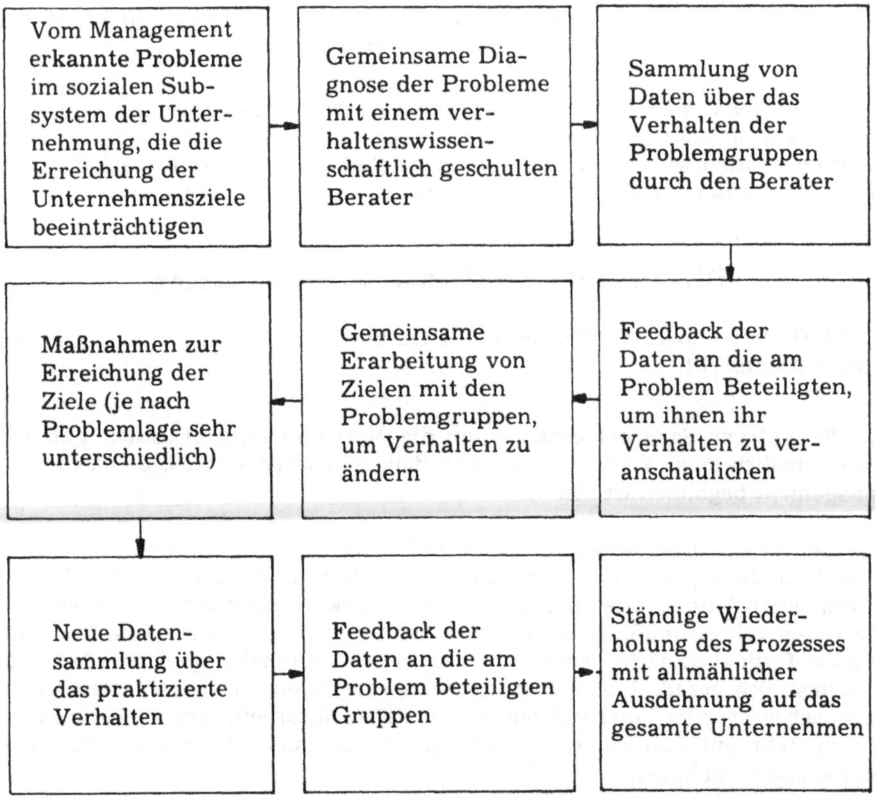


***Abb. 1:** Phasen eines Organization-Development-Projekts entnommen: Stiefel/Flöther, Die Praxis betrieblicher Weiterbildungsveranstaltungen, Köln 1976, S. 27*

Das typische **Grid-Vorgehen** sieht folgende **Programmstufen** vor:

① Besuch von Grid-Seminaren durch Schlüsselpersonen des Unternehmens zur Verhaltensschulung und Diagnose.

② Teambildung (Kaderbildung) von Grid-Absolventen an verschiedenen Schlüsselpunkten der Organisation, Aufbau einer wirklichen Team-Kultur.

③ Koordination und Kooperation der Teams.

④ Entwurf eines Idealmodells durch die Unternehmensspitze in ständigem Kontakt mit den Teams.

⑤ Einführung dieses Modells.

⑥ Ständige Auswertung der Verbesserungen, gemessen am „Corporate Excellence Rubric".

Das Grid-Vorgehen ist stark strukturiert. Lehrunterlagen, Formulare, Zeitplanungen und Checklisten sind vorgegeben. Die Trainer müssen von Grid autorisiert sein und eine Lizenz besitzen.

Weniger stark strukturiert und wesentlich flexibler ist das **Vorgehen,** das sich **in der Praxis der Unternehmensberatung** herausgebildet hat:

Stufe 1: Störfeld- und Schwachstellen-Analyse durch Gesprächsrunden, Interviews oder Fragebogen.

Stufe 2: Positionsbestimmung des Unternehmens, Erarbeitung der Unternehmenszielsetzung, Stärken-Schwächen-Analysen, Erarbeitung einer neuen Unternehmens-Strategie, Erarbeitung konkreter, operationaler Teilziele für die Unternehmensentwicklung sowie eines Zeit- und Kontrollplanes.

Stufe 3: Realisierungsphase zur Verwirklichung schwerpunktmäßig ausgewählter Projekte und kurzfristiger Verbesserungsmöglichkeiten.

Stufe 4: Auswertungsphase der Projekte, Feed-back, eventuell Zielrevision und Verabschiedung weiterer operationaler Teil- und Entwicklungsziele.

Prozeßbegleitend:

— Seminare zur Verbesserung der Kommunikations- und Kooperationsfähigkeit, Einübung in Teamarbeit, Dialektik, Kreativität, Job-enrichment, Konfliktmanagement u. a.

— Ausbildung eines firmeninternen OD-Teams (meist zugleich Management by Objectives-Team) und allmähliche Überleitung der Projektverantwortung.

## IV. Kritik am Konzept der Organisationsentwicklung

Aus der Unternehmenspraxis sind vor allem **drei Einwände** gegen OD häufig:

① Die straffe Führung geht verloren. Zuviel Kompetenz wird auf untere Ebenen verlagert, wo sie nicht oder mit zuviel Zeitaufwand bewältigt wird.

② Die meisten Mitarbeiter wollen und können ihre Probleme gar nicht selbst lösen. Sie ziehen dann eine straffe Führung vor.

③ Das OD-Vorgehen ist langwierig und dementsprechend teuer. Es ende allzu leicht in Nichtigkeiten, verlaufe im Sande und löse dann mehr Resignation aus, als vorher anzutreffen war.

Überdies wollen die meisten Unternehmen zunächst einmal ihre Organisation auf konventionelle Art und Weise in Ordnung bringen und dann weitersehen.

Diese Einwände stehen in engem Zusammenhang. Tatsächlich liegen solche Erfahrungen vor und sprechen sich herum. Vor allem dort, wo OD als Ideologie verwirklicht werden soll, und wenig Rücksicht auf ökonomische Belange genommen wird, lassen konkrete Ergebnisse auf sich warten.

Auf der anderen Seite bedroht forcierter Ergebnisdruck die unbedingt erforderlichen gruppendynamischen Prozesse innerhalb der Projekt- und Management-Teams. Wo die Auftraggeber nur wenige, manchmal nur zwei Tage für eine OD-Klausur genehmigen wollen, um die Wirkung zu prüfen, ist der Mißerfolg vorprogrammiert. Mehr noch, es kann zu vermehrten Konflikten kommen.

OD erfordert vor allem im Anfang, so lange die Projektgruppen ihre internen Konflikte noch nicht aufgearbeitet haben und eine wirkliche Assimilation stattgefunden hat, Zeit ohne Druck. Diese Zeit wird später durch eine von allen getragene, zügige Durchführung der beschlossenen Maßnahmen mehr als wettgemacht. Bewährt hat sich eine Verknüpfung von OD mit Management by Objectives. Diese Kombination gewährleistet die Realisation meßbarer Entwicklungsschritte. Sie bettet den OD-Prozeß in die Strategien zur Erreichung der Unternehmensziele und der daraus abgeleiteten Detailziele. Zu diesen Strategien gehört u. a. die Beteiligung der Schlüsselkräfte eines Unternehmens am Prozeß der Zielfindung und zielorientierten Problemlösung. Dies sind wiederum wesentliche Bestandteile jeder Organisationsentwicklung.

**Fragen:**

1. Was versteht man unter „Organisationsentwicklung"?
2. Welche Motive führen zu bewußter Einflußnahme auf die Organisationsentwicklung?
3. Was versteht man unter „Pionierphase", was unter „Integrationsphase"?
4. Inwiefern steht „Job-enrichment" im Zusammenhang mit Organisationsentwicklung?

## Literaturverzeichnis

Beckhard, R.: Organisationsentwicklung, Strategie und Modelle, Baden-Baden und Bad Homburg 1972.
Bennis, W. B.: Organisationsentwicklung, ihr Wesen, ihr Ursprung, ihre Aussichten, Baden-Baden und Bad Homburg 1972.
Blake, R. und Mouton, J. S.: Verhaltenspsychologie im Betrieb, Düsseldorf 1968.
Houssaye, L. und Glasl, F.: Organisationsentwicklung, Bern - Stuttgart 1975.
Lievegoed, B. C. J.: Organisationen im Wandel, Bern - Stuttgart 1974.
Rogge, P. G.: Tendenzwende, Stuttgart 1975.
Siegert, W.: Fitnessplan für Unternehmen. Die ersten Schritte zur Organisationsentwicklung, Heiligenhaus 1976.
Siegert, W.: Organisations-Entwicklung — die neue Pionierphase, in Spencer Stuart Newsletter, Frankfurt, Oktober 1974.
Siegert, W.: Das Team — eine fromme Illusion? In Spencer Stuart Newsletter, Frankfurt, Dezember 1976.
Stiefel/Flöther: Die Praxis betrieblicher Weiterbildungsveranstaltungen, Köln 1976.

**Antworten zu den Fragen**

1. Organisationsentwicklung umfaßt alle bewußt gesteuerten Maßnahmen, um ein Unternehmen (Organisationen, Institutionen) entsprechend seiner eigenen Entwicklungsphasen und der gesellschaftlichen Entwicklung lebens- und leistungsfähig zu erhalten.

2. Endogene Motive: die Entwicklungsphasen des Unternehmens, das Bedürfnis nach Job-enrichment, Kosteneindämmung.
   Exogene Motive: die gesellschaftspolitische Maxime des Abbaus der Unmündigkeit und Fremdbestimmung des Arbeiters, die menschliche Wesensart als Ganzheit aus Emotio und Ratio.

3. Die erste Lebensphase eines Unternehmens nach der Gründung; die höchste Reifephase einer Organisation, in der auf der Basis einer freiwilligen Ordnung und Disziplin, aber auch der Integration menschlicher Bedürfnisse, engagiert Ziele verwirklicht werden.

4. Besser gebildete und ausgebildete Mitarbeiter wollen ihr Leistungspotential verwirklichen können, weil sie sich nur so am ehesten zur Leistung motiviert sehen. Organisationsentwicklung muß den Rahmen dazu schaffen.

# Unternehmensführung im Industriebetrieb

Von
Prof. Dr. Günter Ebert

**Inhaltsverzeichnis**

**Der Autor**

Prof. Dr. Günter Ebert

ist 1939 in Heidelberg geboren. Sein Studium der Betriebswirtschaftslehre an der Universität Mannheim schloß er mit dem Diplom-Kaufmann ab. Nach der Promotion zum Dr. rer. pol. war Professor Ebert von 1969 bis 1971 Leiter der Ausbildung und der Erwachsenenweiterbildung einer Aktiengesellschaft und von 1971 bis 1973 Leiter der kaufmännischen Verwaltung einer GmbH. Seit 1973 ist er Professor für Betriebswirtschaftslehre und Rechnungswesen an der Fachhochschule Nürtingen. Daneben ist er an der Erwachsenenfortbildung pädagogisch-wissenschaftlich interessiert und darin engagiert. Er ist Mitglied von Prüfungsausschüssen für Industrie-Fachwirte und Fachwirte der IHK Mittlerer Neckar, Stuttgart.

# H. Managementausbildung für den Industriebetrieb

**Lernziel:**

| |
|---|
| Der Leser soll die Bedeutung der Managementausbildung für die erfolgreiche Führung eines Industriebetriebes erkennen. Dabei zeigt sich, daß neben dem Führungswissen und -können auch das Führungsverhalten erlernbar ist, sofern entsprechend geeignete Lehrmethoden, wie z. B. die programmierte Unterweisung, Fallstudien bzw. Planspiele zum Einsatz kommen. |

## I. Wesen der Managementausbildung

Der Industriebetrieb stellt eine sehr komplexe Form ökonomischer Leistungserstellung und -verwertung dar. Seine Funktionsfähigkeit hängt daher in besonderem Maße von den Führungs- und Leitungsqualitäten der Manager ab.

Als Führungskräfte gelten alle Personen, die kraft ihrer Kompetenz die Möglichkeit haben, auf Mitarbeiter einzuwirken, um bestimmte betriebliche Ziele zu erreichen. Die hierarchische Einordnung bringt es dabei mit sich, daß mit Ausnahme der Mitglieder des obersten Leitungsorganes alle übrigen Manager stets sowohl Führende wie Geführte sind. Der Anteil der Führungsaufgaben nimmt gegenüber den ausführenden Tätigkeiten von unten nach oben zu (vgl. Abb. 1).

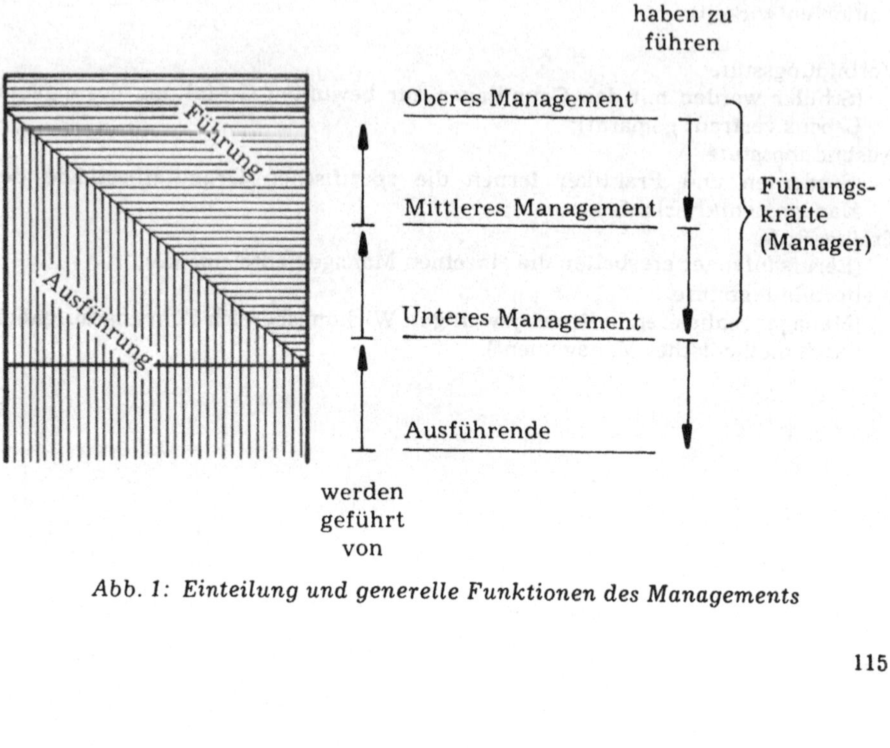


*Abb. 1: Einteilung und generelle Funktionen des Managements*

Technischer Fortschritt sowie wachsende Betriebsgrößen sind die wesentlichen Ursachen dafür, daß der Anteil der Mitarbeiter mit Führungsaufgaben ständig zunimmt. In der Regel üben derzeit durchschnittlich ca. 15 % der Beschäftigten in einem Industriebetrieb Führungsfunktionen aus.

Die **Führungstätigkeit eines Managers** umfaßt im wesentlichen folgende Aufgabenstellungen:

Ziele setzen, planen, Entscheidungen fällen und mit Hilfe von Organisation, Information, Kommunikation und Motivation durchsetzen, durch Soll/Ist-Vergleiche Abweichungen zwischen Zielen und Ergebnissen feststellen, analysieren und für neue Zielsetzungen verwerten.

Diese im Managementkreislauf sich vollziehenden Führungsfunktionen setzen ein entsprechendes Führungswissen, Führungskönnen und Führungsverhalten voraus, um erfolgreich bewältigt werden zu können. Dabei ist unbestritten, daß neben dem Wissen auch das Können im Sinne von Fähigkeiten und Fertigkeiten erlernbar ist. Dies gilt aber auch für das Verhalten als Einstellung gegenüber Menschen. Erst eine volle Entwicklung aller drei Kategorien macht die „Führungspersönlichkeit" aus. Voraussetzung ist eine entsprechende Lernfähigkeit und Lernbereitschaft.

Der zunehmende Bedarf an Führungskräften kann nicht mehr allein mit „Naturtalenten" gedeckt werden. Vielmehr ist eine systematische Ausbildung von Managern erforderlich. Auch die Ausbildung wird im Sinne eines Regelkreises als ein Prozeß verstanden, der als Daueraufgabe gesehen werden muß.

Die Deutsche Management-Gesellschaft e. V. hat für die Ausbildung zum Manager folgende Bildungsstufen innerhalb einer aufsteigenden Bildungskonzeption entwickelt:

Vorbildungsstufe
(Schüler werden mit den Grundlagen zur bewußten Gestaltung des eigenen Lebens vertraut gemacht);

Ausbildungsstufe
(Studenten und Praktiker lernen die spezifischen Grundtatbestände des Managementkreislaufs kennen);

Traineestufe
(Berufsanfänger erarbeiten die einzelnen Managementelemente);

Weiterbildungsstufe
(Manager realisieren in ihrem jeweiligen Wirkungsbereich Führungsaufgaben durch methodisches Management).

Danach ergibt sich folgende **Bildungspyramide** für die Managementausbildung:

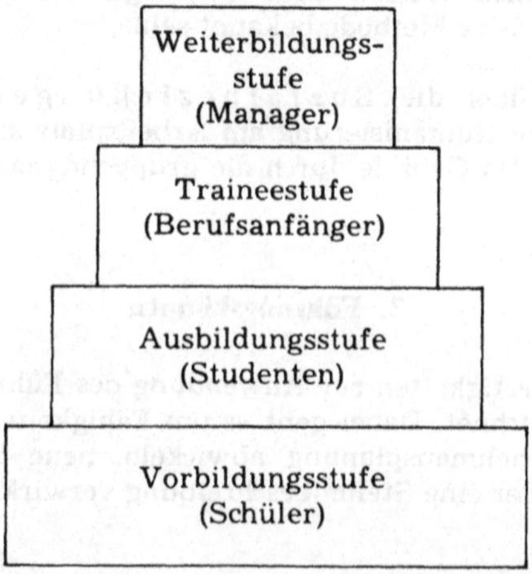


*Abb. 2: Bildungspyramide für die Managementausbildung*

## II. Inhalte der Managementausbildung

Die Komplexität sowie die Dynamik des Wirtschaftslebens stellen an die Führungskräfte folgende generelle A n f o r d e r u n g e n:
— Probleme erkennen und lösen können,
— Denken in Systemzusammenhängen beherrschen und
— kooperatives Verhalten zeigen.

Dazu benötigen Manager eine entsprechende Ausbildung auf den Gebieten Führungswissen, Führungskönnen und Führungsverhalten.

### 1. Führungswissen

Das Führungswissen setzt sich aus Kenntnissen über die Funktionsbereiche in einem Unternehmen, die Managementmethoden, -verfahren und -techniken sowie über die sozialen Beziehungen zusammen.

Die grundlegenden F u n k t i o n s b e r e i c h e im Industriebetrieb sind die Materialwirtschaft, die Fertigung, die Forschung und Entwicklung, Absatz und Marketing, das Personal-, Finanz- und Rechnungswesen sowie das Informationswesen. Hierzu müssen die wesentlichen Tatbestände und die spezifischen Abläufe bekannt sein.

Zu den wichtigsten M a n a g e m e n t v e r f a h r e n zählen die Analyse-, Entscheidungs-, Kommunikations-, Zielfindungs-, Organisations- und Kontrollverfahren. Beispielsweise lassen sich hier die verschiedenen Methoden des Management by Objectives, by Exception, by Planning, by Controlling usw. nennen. Außerdem sind Kenntnisse über Methoden wie Brain Storming, Trial and Error,

Wertanalyse, Verfahren des Operations Research oder die Netzplantechnik usw. von Bedeutung. Letztlich müssen auch die möglichen Führungsstile wie die autoritäre bzw. kooperative Methode bekannt sein.

Das Führungswissen über die S o z i a l b e z i e h u n g e n umfaßt vor allem das Verständnis für die Humanisierung am Arbeitsplatz sowie für die in einem Unternehmen als soziales Gebilde durch die gruppendynamischen Prozesse entstehenden Probleme.

### 2. Führungskönnen

Die Aneignung von Fertigkeiten zur Anwendung des Führungswissens wird als Führungskönnen bezeichnet. Dabei geht es um Fähigkeiten wie z. B. Ziele formulieren, eine Unternehmensplanung abwickeln, neue Systeme der Kostenrechnung einführen oder eine Stellenbeschreibung verwirklichen zu können.

### 3. Führungsverhalten

Führungskräfte erfüllen nach den Vorstellungen moderner Unternehmensführung ihre Aufgaben im Zusammenwirken mit den Mitarbeitern. Die bestmögliche Anwendung und Verwirklichung ihres Wissens und Könnens hängt daher davon ab, inwieweit es gelingt, erfolgreiches Team-work zu praktizieren. Außerdem gilt es, die Bedeutung der getroffenen Entscheidungen im Rahmen der betrieblichen Zusammenhänge zu erkennen. Dazu wird von den Führungskräften kreatives, motivierendes sowie methodisch-systematisches Arbeiten verlangt.

## III. Methoden der Managementausbildung

Im Rahmen der Managementausbildung kann zwischen den Lehrmethoden der Wissensvermittlung, der Fertigkeitsübung bzw. des Verhaltenstrainings unterschieden werden. Nachfolgend werden die nach dem heutigen Stand der Entwicklung effizienten Möglichkeiten aufgezeigt. Dabei ist zu beachten, daß die dargestellten Lehrmethoden meist nur schwerpunktmäßig einer der drei Lernkategorien Führungswissen, -können bzw. -verhalten zuzuordnen sind, also Überschneidungen durchaus gegeben sind (vgl. Abb. 3).

### 1. Lehrmethoden der Wissensvermittlung

Als Lehrmethoden der Wissensvermittlung dienen vor allem der Vortrag und das Kolloquium, unterstützt durch entsprechende Lehrunterlagen wie Bücher, Manuskripte, Tonbildschauen, Lehrfilme. Besonders geeignet ist die p r o g r a m m i e r t e U n t e r w e i s u n g. Ein abgerundetes Lerngebiet wird in viele Lerneinheiten zerlegt. Innerhalb einer Lerneinheit werden dann Lernziele vorgegeben, der Lernstoff in kleine, überschaubare Lernschritte unterteilt und am Ende eine Kontrolle durch Lernfragen durchgeführt. Erst nach erfolgreicher Beantwortung der Fragen wird die nächste Lerneinheit angegangen. Damit wird die individuelle Lerngeschwindigkeit optimal berücksichtigt.

## 2. Lehrmethoden der Fertigkeitsübung

Wichtigste Lehrmethoden für die Fertigkeitsübung sind das On-the-job-training, das Rollenspiel sowie die Fallstudie. Eindeutig abgegrenzte Aufgabenkomplexe aus der Praxis werden dabei durch Anwendung entsprechender Verfahren und Techniken einer oder mehrerer Lösungen zugeführt. Im Mittelpunkt steht also das Finden einer oder mehrerer geeigneter Methoden, d. h. Wege zur Lösung eines Problems. Das jeweilige Ergebnis bleibt von sekundärer Bedeutung, da zumindest seine Auswirkungen auf andere betriebliche Daten nicht weiter verfolgt werden.

## 3. Lehrmethoden des Verhaltenstrainings

Die am weitesten entwickelten Lehrmethoden in der Führungskräfteausbildung, die neben der Anwendung von Fertigkeiten vor allem das Verhaltenstraining ermöglichen, sind die gruppendynamischen Übungen sowie die Planspiele. Sie dienen dazu, das Fällen von Entscheidungen zu üben, Reaktionen auf eigene Entscheidungen zu verdeutlichen, Zusammenhänge und Interdependenzen zwischen den Funktionsbereichen eines Unternehmens zu erkennen sowie soziale und psychologische Aspekte des Arbeitens im Team aufzuzeigen.

Insbesondere die Planspiele versuchen eine Simulation der Wirklichkeit, die durch Prämissen eine sinnvolle Einengung erfährt, um einen effizienten Lernprozeß zu erreichen. Sie beruhen auf der kybernetischen Betrachtungsweise, d. h. auf dem Regelkeisprinzip. Zwei oder mehrere Spielergruppen bilden den Aktions- oder Steuerungsbereich. Sie fällen ihre Entscheidungen (= Soll) innerhalb der vorgegebenen Spielregeln und Daten, um bestimmte Zielsetzungen wie z. B. den höchstmöglichen Gewinn zu erreichen.

Den Spielergruppen steht die Spielleitung gegenüber. Sie stellt die Umwelt für die einzelnen Unternehmen dar. An Hand zuvor festgelegter Umweltbedingungen (z. B. die Reaktion der Kunden bzw. der Mitkonkurrenten auf Preisveränderungen, die Auswirkung von Werbemaßnahmen usw.) wertet sie die getroffenen Entscheidungen der verschiedenen Spielunternehmen aus und meldet die Ergebnisse (= Ist) der jeweiligen Spielrunde an die entsprechende Spielergruppe zurück.

In einem Soll/Ist-Vergleich werden die Abweichungen (z. B. nicht erreichte Deckungsbeiträge) ermittelt und analysiert. Die Ursachen können dann bei der Zielsetzung in der neuen Spielrunde berücksichtigt werden. Als Störgrößen treten neben den Entscheidungen der Mitkonkurrenten auch mögliche Veränderungen der Datenkonstellationen durch die Spielleitung auf.

Es liegt damit ein Regelkreis vor, der aus den Spielergruppen als Aktions- oder Steuerungsbereich (= Regler), aus den Zielen und Entscheidungen (= Stellgrößen, Soll), der Spielleitung als Reaktions- oder Simulationsbereich (= Regelobjekt) sowie den Ergebnissen (= Regelgrößen, Ist) und der Rückkoppelung (Soll/Ist-Vergleich), mit der der Regelkreis geschlossen wird, besteht.

Die überwiegende Zahl bisher entwickelter Unternehmensspiele simulieren Unternehmen mit allen Funktionsbereichen wie Beschaffung, Produktion, Verwaltung und Vertrieb. Man spricht dann auch von Gesamtunternehmensspielen (general management games, generelle Unternehmensspiele). Im Gegensatz dazu gewinnen jedoch auch die Teilunternehmensspiele (functional management games, Bereichsspiele, spezielle Unternehmensspiele) zunehmend an Bedeutung. Hierbei wird jeweils ein bestimmter Funktionsbereich (z. B. der Vertrieb) gegenüber den übrigen Bereichen besonders stark entwickelt und durchgespielt.

Je nach der Komplexität der Datenkonstellation und der damit erforderlichen Auswertungsapparatur handelt es sich um manuelle bzw. computerunterstützte Spiele.

Bei den bisher entwickelten Unternehmensspielen befinden sich die Spieler überwiegend in der Stellung als Unternehmensleiter. Es bestehen jedoch bereits Bestrebungen, neben den einschichtigen auch Spiele mit Teilnehmern auf mehreren hierarchischen Ebenen als mehrschichtige Spiele zu entwickeln. Außerdem unterscheidet man zwischen allgemeinen, branchenspezifischen bzw. betriebsindividuellen Spielen.

Unternehmensspiele dienen vor allem dem Training der Entscheidungsfindung. Als spezielle Ausbildungsmethode für Führungskräfte liegt ihr besonderer Vorzug darin, daß ein Höchstmaß an eigenständiger Aktivität des Auszubildenden gefordert wird. Die Erfahrung zeigt außerdem, daß „spielendes Lernen" motivierend wirkt. Die Lernbereitschaft und damit die Intensität des Lernprozesses steigen mit dem Engagement, das der Spieler zeigt, wenn er sich mit der ihm vorgegebenen Rolle identifiziert. Neben der Vermittlung von Fertigkeiten lassen Spiele wie keine andere Lehrmethode Rückschlüsse auf soziale Verhaltensweisen der Spieler zu. Unternehmensspiele werden daher gleichermaßen an Hochschulen wie in der inner- und außerbetrieblichen Weiterbildung eingesetzt.

Beim Einsatz von Spielen darf nicht verkannt werden, daß es sich jeweils nur um ein Modell der Wirklichkeit handelt. Dies bedeutet, daß aus wirtschaftlichen, rechentechnischen und/oder zeitlichen Gründen stets nur ein Ausschnitt der Vielfalt des ökonomischen Lebens erfaßt werden kann. Außerdem sind bestimmte Einflußfaktoren wie z. B. psychologische Momente beim Käuferverhalten nur schwer oder überhaupt nicht quantifizierbar. Daraus folgt, daß die jeweiligen Spielergebnisse auch durch das Spielmodell beeinflußt werden, was bei der Beurteilung zu berücksichtigen ist.

## IV. Träger der Managementausbildung

Die Dynamik des Wirtschaftslebens hat dazu geführt, daß das Lernen und damit die Ausbildung nicht mehr als einmalige, sondern vielmehr als Daueraufgabe verstanden werden müssen. Diesem Tatbestand wird beispielsweise zunehmend durch den Bildungsurlaub Rechnung getragen.

Bei der Managementausbildung ist grundsätzlich zwischen der einmaligen Basisausbildung und der permanenten Weiterbildung zu unterscheiden. Die Grundausbildung zum Manager vollzieht sich außerhalb der Unternehmen in den Hochschulen (z. B. zum Diplomkaufmann, Diplomvolkswirt, Betriebswirt (grad.)), an Fachschulen (z. B. staatlich geprüfter Betriebswirt), an Akademien (z. B. Betriebswirt VWA), an Volkshochschulen, Einrichtungen von Verbänden bzw. privaten Institutionen (z. B. zum praktischen Betriebswirt, Fachwirt, Fachkaufmann).

| Lernkategorien / Lehrmethoden | Führungswissen | Führungskönnen | Führungsverhalten |
|---|---|---|---|
| **Wissensvermittlung** | | | |
| — Vortrag | x | | |
| — Kollognium | x | (x) | (x) |
| — Programmierte Unterweisung | x | (x) | |
| **Fertigkeitsübung** | | | |
| — On-the-job-training | (x) | x | |
| — Rollenspiel | | x | |
| — Fallstudie | (x) | x | |
| **Verhaltenstraining** | | | |
| — Gruppendynamische Übung | | | x |
| — Planspiel | (x) | (x) | x |

*Zeichenerklärung:*

x = Hauptwirkung
(x) = Nebenwirkung

*Abb. 3: Übersicht Lernkategorien/Lehrmethoden für die Managementausbildung*

Für die Weiterbildung wird außerbetrieblich ein vielfältiges Programm in Form von Kontaktstudien an Hochschulen, Seminaren in Bildungswerken von Verbänden, Akademien und sonstigen Institutionen angeboten. Große Bedeutung kommt jedoch auch der innerbetrieblichen Ausbildung zu. Neben den Großbetrieben gehen immer mehr auch Mittelbetriebe dazu über, Ausbildungsabteilungen einzurichten bzw. innerhalb der Personalabteilung einen Referenten für die Weiterbildung zu ernennen. Ihre Aufgabe liegt einmal in der Erfassung und betriebsspezifischen Auswahl geeigneter externer Weiterbildungsmöglichkeiten. Darüber hinaus gilt es jedoch auch, interne Weiterbildungsmaßnahmen in Form von Seminaren, Traineeprogrammen, Spielen usw. zu organisieren.

**Fragen:**

1. Nennen Sie die nach Ihrer Meinung wesentlichen Aufgabenstellungen eines Managers.
2. In welche Lernkategorien kann die Managementausbildung eingeteilt werden?
3. Erläutern Sie die Begriffe Führungswissen, Führungskönnen und Führungsverhalten.
4. Worin sehen Sie die besonderen Vorteile der programmierten Unterweisung, der Fallstudie bzw. des Planspiels?
5. Welche wesentlichen Aufgaben hat nach Ihrer Meinung eine Ausbildungsabteilung?

## Literaturverzeichnis


**Blohm, H., Heinrich, L. J.: Neuere Lehr- und Lernmethoden, in: Der Betrieb, 1966.**

**Mändle, E., Ebert, G.: Zum Lehrinhalt eines anwendungsbezogenen Betriebswirtschaftsstudiums, in: Der Betriebswirt, 4/74, S. 85 ff.**

**Hesse, P.: Management Bildungskonzept, Deutsche Management-Gesellschaft e. V., Essen 1976.**

**Ebert, G.: Wesen und Bedeutung von Unternehmensspielen, in: Jahrbuch für Betriebswirte 1977, S. 54 ff.**

**Ebert, G.: Planspiel Wettbewerb, Köln 1978.**

**Antworten zu den Fragen**

1. Die wesentlichen Aufgabenstellungen eines Managers sind:
   Ziele setzen, planen, Entscheidungen fällen und mit Hilfe von Organisation, Information, Kommunikation und Motivation durchsetzen, durch Soll/Ist-Vergleiche Abweichungen zwischen Zielen und Ergebnissen feststellen, analysieren und für neue Zielsetzungen verwerten.

2. Die Managementausbildung kann in die Lernkategorien Führungswissen, Führungskönnen und Führungsverhalten eingeteilt werden.

3. Das Führungswissen setzt sich aus Kenntnissen über die Funktionsbereiche in einem Unternehmen, die Managementmethoden, -verfahren und -techniken sowie über die sozialen Beziehungen zusammen.
   Das Führungskönnen beinhaltet die Aneignung von Fähigkeiten und Fertigkeiten zur Anwendung des Führungswissens.
   Das Führungsverhalten zeigt sich im erfolgreichen Team-work sowie in der Einordnung von Entscheidungen in die betrieblichen Zusammenhänge.

4. Programmierte Unterweisung:
   Ein abgerundetes Lerngebiet wird in viele Lerneinheiten zerlegt. Innerhalb einer Lerneinheit werden dann Lernziele vorgegeben, der Lernstoff in kleine, überschaubare Lernschritte unterteilt und am Ende eine Kontrolle durch Lernfragen durchgeführt. Erst nach erfolgreicher Beantwortung der Fragen wird die nächste Lerneinheit angegangen. Damit wird die individuelle Lerngeschwindigkeit optimal berücksichtigt.
   Fallstudie:
   Eindeutig abgegrenzte Aufgabenkomplexe aus der Praxis werden durch Anwendung entsprechender Verfahren und Techniken einer oder mehreren Lösungen zugeführt. Im Mittelpunkt steht also das Finden einer oder mehrerer geeigneter Methoden, d. h. Wege zur Lösung eines Problems. Das jeweilige Ergebnis bleibt von sekundärer Bedeutung, da zumindest seine Auswirkungen auf andere betriebliche Daten nicht weiter verfolgt werden.

   Planspiel:
   Planspiele versuchen eine Simulation der Wirklichkeit, die durch Prämissen eine sinnvolle Einengung erfährt, um einen effizienten Lernprozeß zu erreichen. Sie beruhen auf einer kybernetischen Betrachtungsweise, d. h. auf dem Regelkreisprinzip. Der Regelkreis besteht aus den Spielgruppen als Aktions- oder Steuerungsbereich (= Regler), aus den Zielen und Entscheidungen (= Stellgrößen, Soll), der Spielleitung als Reaktions- oder Simulationsbereich (= Regelobjekt) sowie den Ergebnissen (= Regelgrößen, Ist) und der Rückkoppelung (Soll/Ist-Vergleich) mit der der Regelkreis geschlossen wird.

5. Der Ausbildungsabteilung obliegt die Erfassung und betriebsspezifische Auswahl geeigneter externer Weiterbildungsmöglichkeiten sowie die Organisation interner Bildungsveranstaltungen.

Made in the USA
Las Vegas, NV
11 November 2024

11544464R00072